LEARN SPANISH WITH SHORT STORIES

ISBN: 978-1-987949-93-3

This book is published by Bermuda Word. It has been created with specialized software that produces a three line interlinear format.

Please contact us if you would like a pdf version of this book with different font, font size, or font colors and/or less words per page!

LEARN-TO-READ-FOREIGN-LANGUAGES.COM

Dear Reader and Language Learner!

You're reading the Paperback edition of Bermuda Word's interlinear and pop-up HypLern Reader App. Before you start reading Spanish, please read this explanation of our method.

Since we want you to read Spanish and to learn Spanish, our method consists primarily of word-for-word literal translations, but we add idiomatic English if this helps understanding the sentence.

For example:
Echamos la casa por la ventana!
We throw the house through the window!
[We're having a great party!]

The HypLern method entails that you re-read the text until you know the high frequency words just by reading, and then mark and learn the low frequency words in your reader or practice them with our brilliant App.

Don't forget to take a look at the e-book App with integrated learning software that we offer at learn-to-read-foreign-languages.com! For more info check the last two pages of this e-book!

Thanks for your patience and enjoy the story and learning Spanish!

Kees van den End

LEARN-TO-READ-FOREIGN-LANGUAGES.COM

ÍNDICE
CONTENTS

La Buenaventura I (page 4)
The Good Fortune I

La Buenaventura II (page 24)
The Good Fortune II

La Buenaventura III (page 42)
The Good Fortune III

La Corneta De Llaves I (page 56)
The Cornet I

La Corneta De Llaves II (page 84)
The Cornet II

Las Dos Glorias (page 106)
The Two Miracles

por Don Pedro A. De Alarcón
by Don Pedro A De Alarcón

LA BUENAVENTURA I
THE GOOD FORTUNE I

No sé qué día de Agosto del año 1816, llegó a
Not (I) know what day of August of the year 1816 arrived at

las puertas de la Capitanía general de Granada cierto
the doors of the Captainship general of Granada certain

haraposo y grotesco gitano, de sesenta años de edad,
ragged and grotesque gypsy of sixty years of age

de oficio esquilador y de apellido o sobrenombre
of occupation sheepshearer and of name or nickname

Heredia, caballero en flaquísimo y destartalado burro
Heredia horseman on weak and shabby donkey

mohino, cuyos arneses se reducían a una soga atada
sad whose harnesses were reduced to a rope tied

al pescuezo; y, echado que hubo pie a tierra, dijo
to the neck and thrown as (he) had foot on earth said
(around the) (as soon)

con la mayor frescura que quería ver al Capitán
with the greater freshness that (he) wanted to see to the Captain
(directness) (the)

general.
general

Excuso	añadir	que	semejante	pretensión	excitó
Excuse (I excuse myself)	to add	that	similar	pretension	excited

sucesivamente	la	resistencia	del	centinela,	las	risas	de
successively	the	resistance (refusal)	of the	sentry	the	laughs (laughter)	of

los	ordenanzas	y	las	dudas	y	vacilaciones	de	los
the	orderlies (military messagers)	and	the	doubts	and	hesitations	of	the

edecanes	antes	de	llegar	a	conocimiento	del
aides-de-camp	before	of	to arrive (arriving)	at the	knowledge	of the

Excelentísimo	Sr.	D .	Eugenio	Portocarrero,	conde	del
Most excellent	Mr .		Eugene	Portocarrero	count	of the (of)

Montijo,	a	la	sazón	Capitán	general	del	antiguo	reino
Montijo	at	the	moment	Captain	general	of the	old	kingdom

de	Granada...	Pero	como	aquel	prócer	era	hombre	de
of	Granada	But	as (since)	that	prominent man	was	man	of

muy	buen	humor	y	tenía	muchas	noticias	de	Heredia,
very	good	humor	and	(he) had	many	reports	of	Heredia

célebre	por	sus	chistes,	por	sus	cambalaches	y	por
famous	for	his	jokes	for	his	haggling (trickery)	and	for

su	amor	a	lo	ajeno,	con	permiso	del	engañado
his	love	for	that	of others (belonging to other people)	with	permission	of the	deceived

dueño,	dió	orden	de	que	dejasen	pasar	al	gitano.
owner	(he) gave	order	of ()	that	(they) let	pass	to the (the)	gypsy

7 La Buenaventura I

Penetró	éste	en	el	despacho	de	Su	Excelencia,	dando
Penetrated (Entered)	this one	in	the	office	of	His	Excellence	giving

dos	pasos	adelante	y	uno	atrás,	que	era	como
two	steps	forward	and	one	back	which	was	like

andaba	en	las	circunstancias	graves,	y	poniéndose	de
he walked	in	the	circumstances	serious	and	putting himself	of (on the)

rodillas	exclamó:
knees	(he) exclaimed

"¡Viva	María	Santísima	y	viva	su	merced,	que	es	el
Live (Long Live)	Maria	Santísima	and	Live (Long Live)	your	grace	who	is	the

amo	de	toitico	el	mundo!"
master	of	toitico (slang for all)	the	world

"Levántate;	déjate	de	zalamerías,	y	dime	qué	se	te
Get yourself up	leave yourself (stop)	of (with)	flatteries	and	tell me	what	itself	you

ofrece..."	respondió	el	Conde	con	aparente	sequedad.
offer	responded	the	Count	with	pretended	dryness (seriousness or severity)

Heredia	se	puso	también	serio,	y	dijo	con	mucho
Heredia	himself	put (became)	also	serious	and	said	with	much

desparpajo:
self-confidence

"Pues, señor, vengo a que se me den los mil
Then Sir (I) come to that themselves me give the thousands
[that they will give me]

reales."
reals
(spanish coin)

"¿Qué mil reales?"
What thousands reals
(spanish coin)

"Los ofrecidos hace días, en un bando, al que
Those offered since days in an ordinance to whom
(public message)

presente las señas de Parrón."
presents the signs of Parrón

"Pues ¡qué! ¿tú lo conocías?"
Then what you him knew

"No, señor."
No Sir

"Entonces..."
Then

"Pero ya lo conozco."
But already him (I) know
(now)

9 La Buenaventura I

"¡Cómo!"
How

"Es muy sencillo. Lo he buscado; lo he visto; traigo
It is very simple Him (I) have looked for him (I) have seen (I) bring

las señas, y pido mi ganancia."
the signs and (I) request my reward

"¿Estás seguro de que lo has visto?" exclamó el
(You) are sure of that him (you) have seen exclaimed the

Capitán general con un interés que se sobrepuso a
Captain general with an interest that itself overpushed (overcame) to ()

sus dudas.
his doubts

El gitano se echó a reír, y respondió:
The gypsy himself threw (started) to laugh and (he) responded

"¡Es claro! Su merced dirá: 'este gitano es como
(It) is clear Your Mercy (Lordship) will say this gypsy (he) is like

todos, y quiere engañarme.' ¡No me perdone Dios si
all and (he) wants to deceive me Not me pardons God if

miento! Ayer ví a Parrón."
I lie Yesterday saw at () Parrón

"Pero ¿sabes tú la importancia de lo que dices?
But know you the importance of that what you say

¿Sabes que hace tres años que se persigue a ese
(You) know that (it) does (since) three years that one persecutes to () this

monstruo, a ese bandido sanguinario, que nadie conoce
monster to () this bandit bloodthirsty that nobody knows

ni ha podido nunca ver? ¿Sabes que todos los días
nor has been able never to see You know that all the days

roba, en distintos puntos de estas sierras, a algunos
(he) robs in different points of these mountain ranges to () some

pasajeros; y después los asesina, pues dice que los
passengers (travellers) and later them murders because (he) says that the

muertos no hablan, y que ése es el único medio de
dead not speak and that thát is the only means of

que nunca dé con él la Justicia? ¿Sabes, en fin,
that never gives (gets) with (to) him the Justice (Law) You know in (the) end

que ver a Parrón es encontrarse con la muerte?"
that to look at Parrón is to meet with the () death

El gitano se volvió a reír, y dijo:
The gypsy returned (started again) to laugh and said

11 La Buenaventura I

"Y ¿no sabe su merced que lo que no puede hacer
And not knows his mercy (Highness) that that that (which) not can do

un gitano no hay quien lo haga sobre la tierra?
a gypsy not does (there is) anyone it does on the () earth

¿Conoce nadie cuándo es verdad nuestra risa o
Knows no-one when is true our laughter or

nuestro llanto? ¿Tiene su merced noticia de alguna
our weeping Has your mercy (highness) news of any

zorra que sepa tantas picardías como nosotros? Repito,
vixen that knows so many tricks like us (I) repeat

mi General, que, no sólo he visto a Parrón, sino
my General that not only (I) have seen to () Parrón but

que he hablado con él."
that (I) have spoken with him

"¿Dónde?"
Where

"En el camino de Tózar."
On the way of Tózar

"Dame pruebas de ello."
Give me proofs (proof) of it

"Escuche su merced. Ayer mañana hizo ocho días que
Listen your mercy (highness) Yesterday morning it did (it has been) eight days that

caímos mi borrico y yo en poder de unos ladrones.
(we) fell my ass (donkey) and I in power (the hands) of some thieves

Me maniataron muy bien, y me llevaron por unos
Me (they) tied very well and me (they) took by some

barrancos endemoniados hasta dar con una plazoleta
precipices devilish (dangerous) until to give (they gave way) with (to) a small square (little clearing)

donde acampaban los bandidos. Una cruel sospecha me
where encamped the bandits A cruel suspicion (thought) me

tenía desazonado."
had worried

"'¿Será esta gente de Parrón?' - me decía a cada
Will be these people of Parrón myself (I) said at each

instante.' ¡Entonces no hay remedio, me matan! ... ,' pues
moment (minute) Then not (it) does (there is) remedy me (they) kill then

ese maldito se ha empeñado en que ningunos ojos
that accursed one himself has pledged in that no one's eyes

que vean su fisonomía vuelvan a ver cosa ninguna."
that see his appearance return to see thing none (any)

13 La Buenaventura I

"Estaba yo haciendo estas reflexiones, cuando se me
Was I making these reflections when himself (to) me
(having)

presentó un hombre vestido de macareno con mucho
presented a man dressed of a loud or striking fashion with much
(in) (macareno is a native of district of Seville)

lujo, y dándome un golpecito en el hombro y
luxury and giving me a little clap on the shoulder and

sonriéndose con suma gracia, me dijo:"
smiling with very much grace me said

"'Compadre, ¡yo soy Parrón!'"
Compadre I am Parrón

"Oír esto y caerme de espaldas, todo fué una misma
To hear this and to drop myself of the back all was one same
(on)

cosa."
thing

"El bandido se echó a reír."
The bandit himself threw to laugh
(started)

"Yo me levanté desencajado, me puse de rodillas, y
I myself raised out of position myself set of knees and
(confused) (on)

exclamé en todos los tonos de voz que pude inventar:"
exclaimed in all the tones of voice that (I) could invent

"'¡Bendita sea tu alma, rey de los hombres! ... ¿Quién
Blessed be your soul king of the men Who

no había de conocerte por ese porte de príncipe real
not would have (of) to know you by that bearing of (a) prince royal

que Dios te ha dado? ¡Y que haya madre que para
that God you has given And that there is (a) mother that bears
(who)

tales hijos! ¡Jesús! ¡Deja que te dé un abrazo, hijo
such children Jesus Allow that you (I) give a hug son

mío! ¡Que en mal hora muera si no tenía gana de
(of) mine That in bad hour I die if not (I) had want of
[that I may die horribly] (a wish)

encontrarte el gitanico para decirte la buenaventura y
meeting you the little gypsy for telling you the good fortune and

darte un beso en esa mano de emperador! ¡También
give you a kiss on that hand of (an) emperor Also

yo soy de los tuyos! ¿Quieres que te enseñe a
I am (one) of the yours (Do you) want that you (I) teach to
()

cambiar burros muertos por burros vivos? ¿Quieres
change donkeys dead for donkeys alive (Do you) want

vender como potros tus caballos viejos? ¿Quieres que
to sell like colts your horses old (Do you) want that

le enseñe el francés a una mula?'"
it (I) teach the French to a mule
() ()

15 La Buenaventura I

El Conde del Montijo no pudo contener la risa...
The Count of the (of) Montijo not could contain the laughter

Luego preguntó:
Then (he) asked

"Y ¿qué respondió Parrón a todo eso? ¿Qué hizo?"
And what responded Parrón to all that What (he) did

"Lo mismo que su merced; reírse a todo trapo."
The same as Your mercy laugh at full rag
[laugh at full sail , a lot]

"¿Y tú?"
And you

"Yo, señorico, me reía también; pero me corrían por
I lordly (your lordship) (I) laughed also but me ran by

las patillas lagrimones como naranjas."
the sideburns tears like oranges

"Continúa."
Continue

"En seguida me alargó la mano y me dijo:"
In following me (he) extended the hand and me said

"'Compadre, es Usted el único hombre de talento que
Friend are you the only man of talent that

ha caído en mi poder. Todos los demás tienen la
has fallen in my power All the others have the

maldita costumbre de procurar entristecerme, de llorar,
accursed custom of trying to sadden to me of to cry

de quejarse y de hacer otras tonterías que me ponen
of to complain and of to do other dumb stuff that me puts

de mal humor.'"
of (in) bad humour

"'Sólo Usted me ha hecho reír: y si no fuera por
Only You me have made laugh and if not (it) was (would be) for

esas lágrimas... '"
those tears

"'Qué, ¡señor, si son de alegría!'"
What Sir yes (indeed) (they) are of joy

"'Lo creo. ¡Bien sabe el demonio que es la primera
That (I) believe Well knows the demon (devil) that (it) is the first

vez que me he reído desde hace seis u ocho años!
time that myself () (I) have laughed since it did () six or eight years

Verdad es que tampoco he llorado... '"
Truth is that neither (I) have cried

"'Pero despachemos. ¡Eh, muchachos!' Decir Parrón estas
But let us dispatch Hey boys To say Parrón these

palabras y rodearme una nube de trabucos, todo fué
words and to surround to me a cloud of goons everything was

un abrir y cerrar de ojos."
an opening and closing of (the) eyes

"'¡Jesús me ampare!' empecé a gritar."
Jesus me protect (I) began to shout

"'¡Deteneos!' exclamó Parrón.' No se trata de eso
Hold yourself exclaimed Parrón Not itself treats (this is) (any) of that

todavía. Os llamo para preguntaros qué le habéis
yet You (I) call to ask you what him (from him) (you) have

tomado a este hombre.'"
taken to (of) this man

"'Un burro en pelo.'"
A donkey in hair
[bareback , without saddle]

"'¿Y dinero?'"
And money

"'Tres duros y siete reales.'"
Three duros and seven reales
(Spanish coin) (Spanish coin)

"'Pues dejadnos solos.'"
Then leave us alone
(Now)

"Todos se alejaron."
All (themselves) moved away

"'Ahora dime la buenaventura,' exclamó el ladrón,
Now tell me the good fortune exclaimed the thief

tendiéndome la mano."
offering to me the hand

"Yo se la cogí; medité un momento; conocí que
I myself it took meditated a moment (I) knew that

estaba en el caso de hablar formalmente, y le dije
(I) was in the case of speaking earnestly and him (I) said
(situation)

con todas las veras de mi alma:"
with all the truth of my soul

19 La Buenaventura I

"'Parrón, tarde que temprano, ya me quites la vida,
Parrón late that (or) early whether (from) me remove (you take) the life

ya me la dejes... , ¡morirás ahorcado!'"
or (if) me it (the life) (you) leave (you) will die hanged

"'Eso ya lo sabía yo... ' respondió el bandido con
That already it knew I responded the bandit with

entera tranquilidad.' Dime cuándo.'"
total tranquillity Tell me when

"Me puse a cavilar."
Myself (I) put to ponder

"'Este hombre me va a perdonar la vida; mañana
This man me goes to pardon the life tomorrow

llego a Granada y doy el cante; pasado mañana lo
(I) arrive to (in) Granada and (I) give the song (testimony) passed (day after) tomorrow him

cogen... Después empezará la sumaria...'"
(they) catch After will begin the indictment

"'¿Dices que cuándo?' le respondí en alta voz.' Pues
(You) say that when him (I) responded in loud voice Then
(ask) (for)

¡mira! va a ser el mes que entra.'"
watch goes to be the month that enters
[it will be] (comes)

"Parrón se estremeció, y yo también, conociendo que el
Parrón shivered and I also knowing that the

amor propio de adivino me podía salir por la tapa
love myself of fortune telling me could leave by the cover
[blow out the brains

de los sesos."
of the brains
]

"'Pues mira tú, gitano... ' contestó Parrón muy lentamente.'
Then see you gypsy answered Parrón very slowly

Vas a quedarte en mi poder... ¡Si en todo el mes
You go to stay in my power If in all the month
[You will]

que entra no me ahorcan, te ahorco yo a ti, tan
that comes not me (they) hang you (I) hang I to you as
()

cierto como ahorcaron a mi padre! Si muero para esa
certain like (they) hung to my father If (I) die for that
() (on)

fecha, quedarás libre.'"
date you will be left free

"'¡Muchas gracias!' dije yo en mi interior.' ¡Me
Many thanks said I in my interior (self) Me

perdona... después de muerto!'"
(he) pardons after of () death

"Y me arrepentí de haber echado tan corto el plazo."
And myself (I) regretted of to have thrown (set) so short (near) the term

"Quedamos en lo dicho: fuí conducido a la cueva,
Let's stay in (with) that (which) (was) said (I) was lead to the cave

donde me encerraron, y Parrón montó en su yegua y
where me (they) locked up and Parrón mounted on his mare and

tomó el tole por aquellos breñales..."
took off hastily by (through) those brambles

"Vamos, ya comprendo..." exclamó el Conde del Montijo.
Let's go (Ok , well) already (I) understand exclaimed the Count of Montijo

"Parrón ha muerto; tú has quedado libre, y por eso
Parrón has died you have been left free and by that

sabes sus señas..."
you know his signs

"¡Todo lo contrario, mi General! Parrón vive, y aquí
All the opposite my General Parrón lives and here

entra lo más negro de la presente historia..."
comes the more dark (dark part) of the present story

23 La Buenaventura I

LA BUENAVENTURA II
THE GOOD FORTUNE II

"Pasaron ocho días sin que el capitán volviese a
Passed eight days without that the captain returned to
(There passed)
verme."
see me

"Según pude entender, no había parecido por allí
According to could understand not (he) had appeared by there
(what I could)
desde la tarde que le hice la buenaventura; cosa que
from the afternoon that him did the good fortune thing that
(I gave) (fortune telling)
nada tenía de raro, a lo que me contó uno de mis
nothing had of strange of which that me told one of my
(not) (was) ()
guardianes."
guardians

"'Sepa Usted, me dijo que el Jefe se va al infierno
Know You me (he) said that the Chief himself goes to hell

de vez en cuando, y no vuelve hasta que se le
from time in when and not (he) returns until that himself it
(from time to time)
antoja. Ello es que nosotros no sabemos nada de lo
(he) feels like That (it) is that we not know nothing of that
(so)
que hace durante sus largas ausencias.'"
what (he) does during his long absences

"A todo esto, a fuerza de ruegos, y como pago de
To all this by force of requests and like payment of

haber dicho serían ahorcados y que llevarían una
to have said (they) would be hanged and that they would take away an

vejez muy tranquila, había yo conseguido que por las
old age very calm had I obtained that by (in) the

tardes me sacasen de la cueva y me atasen a un
afternoons me removed (they let out) of the cave and me (they) tied to a

árbol, pues en mi encierro me ahogaba de calor.
tree because in my confinement me (I) suffocated from (the) heat

Pero excuso decir que nunca faltaban a mi lado un
But (I) excuse to say that never lacked at my side a

par de centinelas. Una tarde, a eso de las seis, los
pair of sentries One afternoon at that [about of the] six the

ladrones que habían salido de servicio aquel día a
thieves that had left for service that day at

las órdenes del segundo de parrón, regresaron al
the orders of the second (in command) of Parrón returned to the

campamento, llevando consigo, maniatado como pintan a
camp taking with themselves tied like (they) paint to ()

nuestro Padre Jesús Nazareno, a un pobre segador de
our Father Jesus (of) Nazareth to () a poor harvester (seasonal worker) of

cuarenta a cincuenta años, cuyas lamentaciones partían
forty to fifty years whose lamentations divided

el alma."
the soul

27 La Buenaventura II

"'¡Dadme mis veinte duros!' decía.' ¡Ah! ¡Si supierais
Give me my twenty duros (he) said Ah If (you) knew

con qué afanes los he ganado! ¡Todo un verano
with what bother (hard work) them (I) have earned All a summer

segando bajo el fuego del sol! ... ¡Todo un verano
harvesting under the fire of the sun All a summer

lejos de mi pueblo, de mi mujer y de mis hijos!
far from my town from my wife and from my children

¡Así he reunido, con mil sudores y privaciones, esa
Thus (I) have gathered with thousand sweats and deprivations that

suma, con que podríamos vivir este invierno! ... ¡Y
sum with that (we) could live this winter And

cuando ya voy de vuelta, deseando abrazarlos y pagar
when already (I) go of () return wishing to embrace them and to pay

las deudas que para comer hayan hecho aquellos
the debts that for to eat (eating) did (had) made those

infelices, ¿cómo he de perder ese dinero, que es para
poor devils how (I) have of () to lose that money that is for

mí un tesoro? ¡Piedad, señores! ¡Dadme mis veinte
me a treasure Mercy gentlemen Give me my twenty

duros! ¡Dádmelos, por los dolores de María Santísima!'"
duros Give me them by the pains of Maria The Most Holy

"Una carcajada de burla contestó a las quejas del
An outburst of laughter of mocking answered to the complaints of the

pobre padre."
poor father

"Yo temblaba de horror en el árbol a que estaba
I shook of horror at the tree to which (I) was

atado; porque los gitanos también tenemos familia."
tied because the gypsies also (we) have family

"'No seas loco... ', exclamó al fin un bandido,
Not be crazy exclaimed in the end a bandit

dirigiéndose al segador.' Haces mal en pensar en tu
directing himself at the harvester (You) do badly in to think in your

dinero, cuando tienes cuidados mayores en que
money when (you) have cares greater in to

ocuparte...'"
worry yourself

"'¡Cómo!' dijo el segador, sin comprender que hubiese
How said the harvester without understanding that there was

desgracia más grande que dejar sin pan a sus hijos."
disgrace more great than to leave without bread to () his children

29 La Buenaventura II

"'¡Estás en poder de Parrón!'"
(You) are in power of Parrón

"'Parrón... ¡No le conozco! ... Nunca lo he oído
Parrón Not him (I) know Never him (I) have heard

nombrar... ¡Vengo de muy lejos! Yo soy de Alicante, y
to name (I) come from very far I am from Alicante and

he estado segando en Sevilla.'"
(I) have been harvesting in Seville

"'Pues, amigo mío, Parrón quiere decir la muerte. Todo
Then friend (of) mine Parrón wants (means) to say the death All

el que cae en nuestro poder es preciso que muera.
he that falls in our power is qualified (meant) to die

Así, pues, haz testamento en dos minutos y
So then make testament in two minutes and

encomienda el alma en otros dos. ¡Preparen! ¡Apunten!
entrust the soul in (an)other two Prepare Write down

Tienes cuatro minutos.'"
You have four minutes

"'Voy a aprovecharlos... ¡Oídme, por compasión! ... '"
Go [I shall] to use them Hear me for compassion

"'Habla.'"
Speak

"'Tengo seis hijos... y una infeliz... diré viuda..., pues
(I) have six children and one unfortunate (I) will say widow then (while)

veo que voy a morir... Leo en vuestros ojos que
(I) see that (I) go to die (I) read in your eyes that

sois peores que fieras...
(you) are worse than beasts

"'¡Sí, peores! Porque las fieras de una misma especie
Yes worse Because the beasts of a (the) same species

no se devoran unas a otras. ¡Ah! ¡Perdón! ... No sé
not eachother devour (the) ones to (the) others Ah Pardon Not (I) know

lo que me digo.' "
that what me (I) say

"'¡Caballeros, alguno de ustedes será padre! ... ¿No hay
Gentlemen some of you will be father Not there is

un padre entre vosotros? ¿Sabéis lo que son seis
a father between you You know that what are six

niños pasando un invierno sin pan?' "
children passing a winter without bread

31 La Buenaventura II

"'¿Sabéis lo que es una madre que ve morir a los
(You) know that what is a mother that sees die to () the

hijos de sus entrañas, diciendo: --Tengo hambre..., tengo
children of her entrails (womb) saying have (I am) hungry have (I am)

frío? -- Señores, ¡yo no quiero mi vida sino por ellos!
cold Gentlemen I not want my life if not for them

¿Qué es para mí la vida? ¡Una cadena de trabajos
What is for me the life A chain of works

y privaciones! ¡Pero debo vivir para mis hijos! ... ¡Hijos
and deprivations But (I) must live for my children Children

míos! ¡Hijos de mi alma!'"
mine Children of my soul

"Y el padre se arrastraba por el suelo, y levantaba
And the father himself dragged over the ground and raised

hacia los ladrones una cara... ¡Qué cara! ... ¡Se
towards the thieves a face What face Itself

parecía a la de los santos que el rey Nerón echaba
looked like to () that of the saints that the king (emperor) Nero threw

a los tigres, según dicen los padres predicadores..."
to the tigers as say the fathers preachers

"Los bandidos sintieron moverse algo dentro de su
The bandits felt move itself something inside of their

pecho, pues se miraron unos a otros... ; y viendo que
chest then eachother looked (the) ones to (the) others and seeing that
(they looked at eachother)

todos estaban pensando la misma cosa, uno de ellos
all (they) were thinking the same thing one of them

se atrevió a decirla..."
himself dared to say it

"¿Qué dijo?" preguntó el Capitán general, profundamente
What said (he) asked the Captain general deeply

afectado por aquel relato.
affected by that story

"Dijo: 'Caballeros, lo que vamos a hacer no lo sabrá
(He) said Gentlemen that what (we) go to do not it will know

nunca Parrón... '"
never Parrón

"'Nunca..., nunca...' tartamudearon los bandidos."
Never never stammered the bandits

"'Márchese Usted, buen hombre... ' exclamó entonces uno
Move off yourself You good man exclaimed then one

que hasta lloraba."
that even cried

"Yo hice también señas al segador de que se fuese
I made also signs to the harvester of that himself (he) went

al instante."
at the instant

"El infeliz se levantó lentamente."
The poor devil himself raised slowly

"'Pronto... ¡Márchese Usted!' repitieron todos volviéndole la
Quick Move yourself off You repeated all turning to him the

espalda."
back

"El segador alargó la mano maquinalmente."
The harvester extended the hand mechanically

"'¿Te parece poco?' gritó uno.' ¡Pues no quiere su
You (it) seems little shouted one Then not want your

dinero! Vaya..., vaya... ¡No nos tiente Usted la
money Go go Not (of) us take yourself You the

paciencia!' El pobre padre se alejó llorando, y a poco
patience The poor father himself moved away crying and at (in) little (a little while)

desapareció."
disappeared

"Media hora había transcurrido, empleada por los
Half (A half) hour had passed employed (used) by the

ladrones en jurarse unos a otros no decir nunca a
robbers in (to) swear (the) ones to (the) others not to say never to

su capitán que habían perdonado la vida a un
their captain that (they) had pardoned the life to a

hombre, cuando de pronto apareció Parrón, trayendo al
man when of sudden (all of a sudden) appeared Parrón bringing to the (the)

segador en la grupa de su yegua."
harvester on the back of his mare

"Los bandidos retrocedieron espantados."
The bandits backed down frightened

"Parrón se apeó muy despacio, descolgó su escopeta
Parrón himself lowered very slowly took off his pistol

de dos cañones, y, apuntando a sus camaradas, dijo:"
of two barrels and aiming at his comrades said

"'¡Imbéciles! ¡Infames! ¡No sé cómo no os mato a
Stupid idiots Scoundrels Not (I) know how not you (I) kill to ()

todos! ¡Pronto! ¡Entregad a este hombre los duros que
all Immediately Give to this man the duro's (Spanish coin) that

le habéis robado!'"
him (you) have robbed

"Los ladrones sacaron los veinte duros y se los
The thieves took out the twenty duro's (Spanish coin) and themselves them

dieron al segador, el cual se arrojó a los pies de
(they) gave to the harvester () the which himself threw to the feet of

aquel personaje que dominaba a los bandoleros y que
that personage that dominated to () the brigands and that

tan buen corazón tenía..."
such (a) good heart had

"Parrón le dijo:"
Parrón him said

"'¡A la paz de Dios! Sin las indicaciones de Usted,
To the peace of God Without the indications of you

nunca hubiera dado con ellos. ¡Ya ve Usted que
never (I) would have given (squared up) with them Already see You that

desconfiaba de mí sin motivo! ... He cumplido mi
(you) distrusted of () me without reason (I) have fulfilled my

promesa... Ahí tiene Usted sus veinte duros... Conque...
promise Here have You your twenty duros And so

¡en marcha!'"
in march

"El segador lo abrazó repetidas veces y se alejó lleno
The harvester him embraced repeated times and himself moved awayfilled

de júbilo. Pero no habría andado cincuenta pasos,
of joy But not would have (he had) walked fifty steps

cuando su bienhechor lo llamó de nuevo."
when his benefactor him called of new [again]

"El pobre hombre se apresuró a volver pies atrás."
The poor man himself hurried to return feet back

37 La Buenaventura II

"'¿Qué manda Usted?' , le preguntó, deseando ser útil
What demand you him asked wishing to be useful

al que había devuelto la felicidad a su familia.'
to him that had given back the happiness to his family

¿Conoce Usted a Parrón?' le preguntó él mismo."
Know You to () Parrón him asked the same

"'No lo conozco.'"
Not him (I) know

"'¡Te equivocas!' replicó el bandolero. Yo soy Parrón."
You make a mistake replied the brigand I am Parrón

"El segador se quedó estupefacto."
The harvester himself was left stupefied

"Parrón se echó la escopeta a la cara y descargó
Parrón himself threw the shotgun to the face and (it) unloaded

los dos tiros contra el segador, que cayó redondo al
the two shots against the harvester that (who) fell round (straight) on the

suelo."
ground

"'¡Maldito seas!' fué lo único que pronunció."
Damned be you was the only that (he) pronounced
[Damn you] (thing)

"En medio del terror que me quitó la vista, observé
In means of the terror that me took away the vision (I) observed
[During] (the)

que el árbol en que yo estaba atado se estremecía
that the tree in that I was tied itself shook

ligeramente y que mis ligaduras se aflojaban. Una de
slightly and that my ties themselves loosened One of

las balas, después de herir al segador, había dado
the bullets after of to hurt to the harvester had given
(struck)

en la cuerda que me ligaba al tronco y la había
in the cord that me bound to the trunk and it had

roto."
broken

"Yo disimulé que estaba libre, y esperé una ocasión
I disguised that (I) was free and waited for an occasion

para escaparme."
for to escape myself
(to escape)

"Entretanto decía Parrón a los suyos, señalando al
Meanwhile said Parrón to the his indicating to the
() (his men)

segador:"
harvester

"'Ahora podéis robarlo. Sois unos imbéciles, ¡unos
Now (you) can rob him (You) are some stupid idiots some
() ()

canallas! ¡Dejar a ese hombre, para que se fuera,
gangsters To let go to that man for that himself (he) went
()

como se fué, dando gritos por los caminos reales! Si
like himself (he) went giving shouts by the roads royal If

conforme soy yo quien se lo encuentra y se entera
like am I who myself him encounters and myself find out
()

de lo que pasaba, hubieran sido los migueletes habría
of that what passed (it) would have been the migueletes (he) would have
(guards)

dado vuestras señas y las de nuestra guarida, como
given your signs and those of our camp like
(whereabouts)

me las ha dado a mí, y estaríamos ya todos en la
me these (he) has given to me and (we) would be already all in the
()

cárcel!"
jail

"¡Ved las consecuencias de robar sin matar! Conque
(You) see the consequences of to rob without to kill And so

basta ya de sermón y enterrad ese cadáver para que
enough already of sermon and bury that corpse for that

no apeste.'"
not (starts) to stink

"Mientras los ladrones hacían el hoyo y Parrón se
While the thieves made the hole and Parrón himself

sentaba a merendar dándome la espalda, me alejé
seated to snack giving me the back myself (I) moved aw

poco a poco del árbol y me descolgué al barranco
little by little of the tree and myself let down from the precipice

próximo... Ya era de noche. Protegido por sus sombras
closest . Already (it) was by night Protected by its shades

salí a todo escape, y, a la luz de las estrellas,
(I) left to all escape and by the light of the stars

divisé mi borrico, que comía allí tranquilamente, atado
(I) descried my ass that ate there calmly tied

a una encina. Montéme en él, y no he parado hasta
to an oak (I) mounted myself on it and not have stopped even

llegar aquí..."
to arrive here

"Por consiguiente, señor, déme Usted los mil reales, y
By consequence Sir give me you the thousand reals (Spanish coin) and

yo daré las señas de Parrón, el cual se ha quedado
I will give the signs of Parrón the () which himself has rested

con mis tres duros y medio..."
with my three duros and (a) half

41 La Buenaventura II

Dictó el gitano la filiación del bandido; cobró desde
Dictated the gypsy the connection (whereabouts) of the bandit (he) received after

luego la suma ofrecida, y salió de la Capitanía
soon the sum offered and left of the Captainship

general, dejando asombrados al Conde del Montijo y al
general leaving astonished to the Count of the (of) Montijo and to the

sujeto, allí presente, que nos ha contado todos estos
fellow there present that us has recounted all these

pormenores.
details

Réstanos ahora saber si acertó o no acertó Heredia
Rests us now to know if guessed right or not guessed right Heredia

al decir la buenaventura a Parrón.
to the (in the) telling the good fortune to Parrón

LA BUENAVENTURA III
THE GOOD FORTUNE III

Quince días después de la escena que acabamos de
Fifteen days after of the scene that (we) finished of
() ()

referir, y a eso de las nueve de la mañana,
to refer to and at that of the nine of the morning
[about] (nine o'clock)

muchísima gente ociosa presenciaba, en la calle de
very many people idle were present in the street of

San Juan de Dios y parte de la de San Felipe de
San Juan of God and part of that of San Felipe of

aquella misma capital, la reunión de dos compañías de
that same capital the meeting of two companies of

migueletes que debían salir a las nueve y media en
militia that had to leave at (the) nine and half in

busca de Parrón, cuyo paradero, así como sus señas
search of Parrón whose whereabouts as well as his signs

personales y las de todos sus compañeros de
personal and those of all his companions of

fechorías, había al fin averiguado el Conde del Montijo.
misdeeds had at the end found out the Count of the Montijo
(of)

El interés y emoción del público eran extraordinarios, y
The interest and emotion of the public were extraordinary and

no menos la solemnidad con que los migueletes
not less the solemnity with which the militia

se despedían de sus familias y amigos para marchar
themselves took leave of their families and friends for to march
(took leave)

a tan importante empresa. ¡Tal espanto había llegado a
to so important enterprise So fright had arrived to
(such an) (So much) (succeeded)

infundir Parrón a todo el antiguo reino granadino!
instill Parrón to all (of) the old kingdom granadino

"Parece que ya vamos a formar..." dijo un miguelete a
It seems that already (we) go to form said one militiaman to
(make a formation)

otro, "y no veo al cabo López... ¡Extraño es, a fe
another one and not see to the chief Lopez Strange (that) is to faith
(I see) ()

mía, pues él llega siempre antes que nadie cuando
mine then he arrives always before to nobody when
(because)

se trata de salir en busca de Parrón, a quien odia
itself treats of to leave in search of Parrón to who (he) hates
(for)

con sus cinco sentidos!"
with his five senses

45 La Buenaventura III

"Pues ¿no sabéis lo que pasa?" dijo un tercer
Then not you know that what happened said a third

miguelete, tomando parte en la conversación.
militiaman taking part in the conversation

"¡Hola! Es nuestro nuevo camarada... ¿Cómo te va en
Hello (It) is our new comrade How you (it) goes in

nuestro Cuerpo?"
our Corps

"¡Perfectamente!" respondió el interrogado.
Perfectly responded the interrogated
(interrogated one)

Era éste un hombre pálido y de porte distinguido, del
Was this one a man pale and of bearing distinguished of the

cual se despegaba mucho el traje de soldado.
which itself took off much the garb of soldier

"Conque ¿decías..." replicó el primero.
And so you said replied the first

"¡Ah! ¡Sí! Que el cabo López ha fallecido..." respondió
Ah Yes That the chief Lopez has deceased responded

el miguelete pálido.
the miguelete pale

"Manuel... ¿Qué dices? ¡Eso no puede ser! ... Yo
Manuel What (you) say That not can be I

mismo he visto a López esta mañana, como te veo
same (myself) have seen to () Lopez this morning like you (I) see

a ti..."
to () you

El llamado Manuel contestó fríamente: "Pues hace
The (one) called Manuel answered coldly Then does (since)

media hora que lo ha matado Parrón."
half (an) hour that him has killed Parrón

"¿Parrón? ¿Dónde?"
Parrón Where

"¡Aquí mismo! ¡En Granada! En la Cuesta del Perro
Here same In Granada In the Hill of the Dog

se ha encontrado el cadáver de López."
itself has (been) found the corpse of Lopez

47 La Buenaventura III

Todos quedaron silenciosos y Manuel empezó a silbar
All were left quiet and Manuel began to whistle

una canción patriótica.
a song patriotic

"¡Van once migueletes en seis días!" exclamó un
Go eleven militiamen in six days exclaimed a

sargento. "¡Parrón se ha propuesto exterminarnos! Pero
sergeant Parrón has himself proposed (sworn) to exterminate us But

¿cómo es que está en Granada? ¿No íbamos á
how is (is it) that (he) is in Granada Not (we) went to

buscarlo a la Sierra de Loja?"
look for him at the Mountain rangeof Loja

Manuel dejó de silbar, y dijo con su acostumbrada
Manuel let go (stopped) of to whistle and said with his customary

indiferencia:
indifference

"Una vieja que presenció el delito dice que, luego
An old woman that was present at the crime says that as soon

que mató a López, ofreció que, si íbamos á buscarlo,
as (he) killed to () Lopez (he) offered that if (we) went to look for him

tendríamos el gusto de verlo..."
(we) would have the pleasure of to see him

"¡Camarada! ¡Disfrutas de una calma asombrosa! ¡Hablas
Comrade (You) enjoy of () a calmness amazing (You) speak

de Parrón con un desprecio! ..."
of Parrón with a scorn

"Pues ¿qué es Parrón más que un hombre?" repuso
Then what is Parrón more than a man pushed back (answered)

Manuel con altanería.
Manuel with arrogance

"¡A la formación!" gritaron en este acto varias voces.
To (Into) the formation shouted in this act (moment) several voices

Formaron las dos compañías, y comenzó la lista
(They) formed the two companies and began the list (roll)

nominal. En tal momento acertó a pasar por allí el
of name (call) In such (that) moment was found to pass by there the

gitano Heredia, el cual se paró, como todos, a ver
gypsy Heredia the which [who] himself () stopped like all to see

aquella lucidísima tropa.
that most shining troop

Notóse entonces que Manuel, el nuevo miguelete, dió
Note oneself then that Manuel the new militiaman gave

un retemblido y retrocedió un poco, como para
a shake and backed down a little like for

ocultarse detrás de sus compañeros... Al propio tiempo
to hide himself behind of his companions At the same time

Heredia fijó en él sus ojos; y dando un grito y un
Heredia fixed on him his eyes and giving a shout and a

salto como si le hubiese picado una víbora, arrancó a
jump like if him had pricked (bitten) a viper took off to

correr hacia la calle de San Jerónimo.
running towards the street of San Jerónimo

Manuel se echó la carabina a la cara y apuntó al
Manuel threw the carbine (gun) to the face and (it) pointed at the

gitano...
gypsy

Pero otro miguelete tuvo tiempo de mudar la dirección
But another militia had time of to change the direction

del arma, y el tiro se perdió en el aire.
of the weapon and the shot got lost in the air

"¡Está loco! ¡Manuel se ha vuelto loco! ¡Un miguelete
(He) is crazy Manuel himself has turned crazy A militiaman

ha perdido el juicio!" exclamaron sucesivamente los mil
has lost the judgment (senses) exclaimed successively the thousand

espectadores de aquella escena. Y oficiales, y
spectators of that scene And officials and

sargentos, y paisanos rodeaban a aquel hombre, que
sergeants and countrymen surrounded to that man that

pugnaba por escapar, y al que por lo mismo
struggled to escape and to (the) which by the same

sujetaban con mayor fuerza, abrumándolo a preguntas,
(they) held with greater force pressing him with questions

reconvenciones y dicterios que no le arrancaron
reprimands and taunts that not (of) him extracted

contestación alguna. Entretanto Heredia había sido preso
answer any Meanwhile Heredia had been imprisoned

en la plaza de la Universidad por algunos transeuntes,
in the square of the University by some passer-by

que, viéndole correr después de haber sonado aquel
that seeing him run after of to have sounded that

tiro, lo tomaron por un malhechor.
shot him (they) took for a malefactor

51 La Buenaventura III

"¡Llevadme a la Capitanía general!" decía el gitano.
Take me to the Captainship general said the gypsy

"¡Tengo que hablar con el Conde del Montijo!"
(I) have to speak with the Count of the (of) Montijo

"¡Qué Conde del Montijo ni qué niño muerto!" le
What Count of the (of) Montijo nor what (any) boy dead him

respondieron sus aprehensores. "¡Ahí están los
responded his captors There are the

migueletes, y ellos verán lo que hay que hacer con
militia and they will see that what there is to do with

tu persona!"
your person

"Pues lo mismo me da..." respondió Heredia. "Pero
Then (Well) the same me gives (matters) responded Heredia But

tengan Ustedes cuidado de que no me mate Parrón..."
have (take) you (you people) care of that not me kills Parrón

"¿Cómo Parrón? ... ¿Qué dice este hombre?"
How Parrón What says this man

"Venid y veréis."
Come and see

Así diciendo, el gitano se hizo conducir delante del
Thus saying the gypsy himself did (let) lead before of the

jefe de los migueletes, y señalando a Manuel, dijo:
head of the militia and indicating to Manuel said

"Mi Comandante, ¡ése es Parrón, y yo soy el gitano
My Commander that one is Parrón and I am the gypsy

que dió hace quince días sus señas al Conde del
that gave does (since) fifteen days his signs (of his whereabouts) to the Count of the (of)

Montijo!"
Montijo

"¡Parrón! ¡Parrón está preso! ¡Un miguelete era
Parrón Parrón is prisoner A militiaman was

Parrón! ..." gritaron muchas voces.
Parrón shouted many voices

"No me cabe duda..." decía entretanto el Comandante,
Not me (I) fits (harbor) doubt said meanwhile the Commander

leyendo las señas que le había dado el Capitán
reading the signs that him had given the Captain

general.
general

53 La Buenaventura III

"¡A fe que hemos estado torpes! Pero ¿a quién se
To faith that are been clumsy But to whom itself
(truth) (we have)

le hubiera ocurrido buscar al capitán de ladrones entre
him had occurred to search for the captain of thieves between
(would have)

los migueletes que iban a prenderlo?"
the militia that went to catch him

"¡Necio de mí!" exclamaba al mismo tiempo Parrón,
Fool of me exclaimed at the same time Parrón

mirando al gitano con ojos de león herido: "¡es el
watching at the gypsy with eyes of lion wounded (he) is the

único hombre a quien he perdonado la vida! ¡Merezco
only man to whom (I) have pardoned the life (I) deserve

lo que me pasa!"
that what me passes
(will pass)

A la semana siguiente ahorcaron a Parrón.
At the week following (they) hung to Parrón
() ()

Cumplióse, pues, literalmente la buenaventura del gitano...
Itself fulfilled so literally the good fortune of the gypsy

Lo	cual	-	dicho	sea	para	concluir	dignamente	no
That	which		said	be	for	to conclude	rightly	not

significa	que	debáis	creer	en	la	infalibilidad	de	tales
means	that	(you) must	believe	in	the	infalibilidad	of	such

vaticinios,	ni	menos	que	fuera	acertada	regla	de
predictions	nor	less	that	(it) was	(a) correct	rule	of

conducta	la	de	Parrón,	de	matar	a	todos	los	que
conduct	that (one)	of	Parrón	of	to kill	to ()	all	those	that

llegaban	a	conocerle...	Significa	tan	sólo	que	los
arrived	to	know him	(It) means	so	only	that	the

caminos	de	la	Providencia	son	inescrutables	para	la
ways	of	the	Providence (fate)	are	inscrutable	for	the

razón	humana;	doctrina	que,	a	mi	juicio,	no	puede
mind	human	(a) doctrine	that	to	my	judgment	not	can

ser	más	ortodoxa.
be	more	orthodox (basic)

55 La Buenaventura III

LA CORNETA DE LLAVES
THE CORNET (cornet-à-pistons)

Querer es poder.
To want is to be able to

I
I

"Don Basilio, ¡toque Usted la corneta, y bailaremos!
Don Basilio play you the cornet and (we) will dance

Debajo de estos árboles no hace calor..."
Underneath of these trees not there is heat

"Sí, sí..., Don Basilio: ¡toque Usted la
Yes yes Don Basilio play you the

corneta de las llaves!"
cornet (cornet-à-pistons)

"¡Traedle a Don Basilio la corneta en que se está
Bring it to Don Basilio the cornet in which himself is

enseñando Joaquín!"
teaching Joaquin

"¡Poco vale! ... ¿La tocará Usted, Don Basilio?"
Little (he) is worth It play you Don Basilio

"¡No!"
No

"¿Cómo que no?"
How what no

"¡Que no!"
That no

"¿Por qué?"
For what
(why)

"Porque no sé."
Because not know
(I know how)

"¡Que no sabe! ... ¡Habrá hipócrita igual!"
What not (you) know Would it have (a) hypocrite equal
(Does there exist) (alike)

"Sin duda quiere que le regalemos el oído..."
Without doubt (he) wants that him let us give the ear
(we lend)

"¡Vamos!
Let's go

¡Ya sabemos que ha sido Usted músico mayor de
Already (we) know that have been You (a) musician great of

infantería! ... "
(the) infantry

"Y que nadie ha tocado la corneta de las llaves como
And that nobody has played the cornet (cornet-à-pistons) like

Usted... "
You

"Y que lo oyeron en Palacio..., en tiempos de
And that it (they) listened to in (the) Palace in (the) times of

Espartero... "
Espartero

"Y que tiene Usted una pensión... "
And that have you a pension

"¡Vaya, Don Basilio! ¡Apiádese Usted! "
Go Don Basilio Have pity you

"Pues, señor... ¡Es verdad! He tocado la
Then Sir (It) is true (I) have played the

corneta de las llaves; he sido una... una especialidad,
cornet (cornet-à-pistons) (it) has been a a specialty

como dicen ustedes ahora... ; "
like say you now

"pero también es cierto que hace dos años regalé mi
but also (it) is certain that since two years (I) gave my

corneta a un pobre músico licenciado, y que desde
cornet to a poor musician with leave (without a job) and that from

entonces no he vuelto... ni a tararear."
then not (I) have returned even to hum

"¡Qué lástima! ¡Otro Rossini!"
What (a) pity Another Rossini

"¡Oh! ¡Pues lo que es esta tarde, ha de tocar
Oh Then that what is (should be) this afternoon has of () to play

usted! ..."
you

"Aquí, en el campo, todo es permitido..."
Here in the field everything is allowed

"¡Recuerde Usted que es mi día, papá abuelo! ..."
Remember you that (it) is my day papa grandfather

61 La Corneta De Llaves I

"¡Viva! ¡Viva! ¡Ya está aquí la corneta!"
Live (Hurray) Live (Hurray) Already is here the cornet

"Sí, ¡que toque!"
Yes that (you) plays

"Un vals..."
A vals

"No, ¡una polca!"
No a polca

"¡Polca! ¡Quita allá! ¡Un fandango!"
Polca Stop there A fandango

"Sí, sí, ¡fandango! ¡Baile nacional!"
Yes yes fandango Dance national

"Lo siento mucho, hijos míos; pero no me es posible
It (I) regret much children (of) mine but not me (it) is possible

tocar la corneta..."
to play the cornet

"¡Usted, tan amable! ..."
You (who are) so amiable

"Tan complaciente..."
So compliant

"¡Se lo suplica a Usted su nietecito! ..."
Herself it begs to (of) you your little grandchild

"Y su sobrina..."
And your niece

"¡Dejadme, por Dios! He dicho que no toco."
Let me (Let me be) by God (I) have said that not I touch

"¿Por qué?"
Why

"Porque no me acuerdo; y porque, además, he jurado
Because not (I) remember and because in addition (I) have sworn

no volver a aprender..."
not to return to learn

"¿A quién se lo ha jurado?"
To whom yourself it (you) have sworn

"¡A mí mismo, a un muerto, y a tu pobre madre,
To my same (self) to a dead (person) and to your poor mother

hija mía!"
daughter (of) mine

Todos los semblantes se entristecieron súbitamente al
All the people present became saddened immediately at the

escuchar estas palabras.
hearing these words

"¡Oh! ... ¡Si supierais a qué costa aprendí a tocar la
Oh If (you) knew to what cost (I) learned to play the

corneta! ..." añadió el viejo.
cornet added the old man

"¡La historia! ¡La historia!" exclamaron los jóvenes.
The story The story exclaimed the young people

"Contadnos esa historia."
Tell us that story

"En efecto..." dijo Don Basilio. "Es toda una historia.
In effect said Don Basilio (It) is whole (quite) a story

Escuchadla, y vosotros juzgaréis si puedo o no puedo
Listen to it and you will judge if (I) can or not can

tocar la corneta... "
play the cornet

Y sentándose bajo un árbol rodeado de unos curiosos
And seating himself under a tree surrounded of some curious

y afables adolescentes, contó la historia de sus
and good natured adolescents (he) recounted the history of his

lecciones de música.
lessons of music

No de otro modo, Mazzepa, el héroe de Byron, contó
Not of (in) another way Mazzepa the hero of Byron recounted

una noche a Carlos XII, debajo de otro árbol, la
one night to Carlos XII underneath of another tree the

terrible historia de sus lecciones de equitación.
terrible history of his lessons of horseriding

Oigamos a Don Basilio.
Let us hear to () Don Basilio

II
II

Hace diez y siete años que ardía en España la
Since ten and seven years that burned in Spain the

guerra civil. Carlos e Isabel se disputaban la corona,
war civil Carlos and Isabel eachother disputed the crown

y los españoles, divididos en dos bandos, derramaban
and the Spaniards divided in two sides spilled

su sangre en lucha fratricida.
their blood in fights (of) fratricide

Tenía yo un amigo, llamado Ramón Gámez, teniente
Had I a friend called Ramon Gámez lieutenant

de cazadores de mi mismo batallón, el hombre más
of hunters of my same battalion the man most

cabal que he conocido... Nos habíamos educado juntos;
chivalrous that there am known Us there were educated together

juntos salimos del colegio; juntos peleamos mil veces,
together (we) left (of) the school together (we) fought thousands (of) times

y juntos deseábamos morir por la libertad...
and together (we) wished to die for the () freedom

¡Oh! ¡Estoy por decir que él era más liberal que yo
Oh (I) am for to say that he was more liberal than I

y que todo el ejército! ...
and than all the army

Pero he aquí que cierta injusticia cometida por nuestro
But has (it is) here that (a) certain injustice committed by our

Jefe en daño de Ramón; uno de esos abusos de
Chief in damage (detriment) of Ramon one of those abuses of

autoridad que disgustan de la más honrosa carrera;
authority that displease of the more honorable race

una arbitrariedad, en fin, hizo desear al Teniente de
an abuse in (the) end made wish to the Lieutenant of

cazadores abandonar las filas de sus hermanos, al
hunters to leave the ranks of his brothers to the

amigo dejar al amigo, al liberal pasarse a la facción,
friend to leave to the (the) friend to the liberal to go to the rebels

al subordinado matar a su Teniente Coronel...
to the subordinate to kill to () his Lieutenant Colonel

67 La Corneta De Llaves I

¡Buenos humos tenía Ramón para aguantar insultos e
Good smoke (talent) had Ramon for to hold (to keep a grudge for) insults and

injusticias ni al lucero del alba!
injustices not to the lights of the dawn

Ni mis amenazas, ni mis ruegos, bastaron a disuadirle
Not my threats nor my begging were enough to dissuade him

de su propósito. ¡Era cosa resuelta! ¡Cambiaría el
of his intention (It) was (a) thing solved (He) would change the

morrión por la boina, odiando como odiaba mortalmente
helmet for the beret hating like (he) hated mortally

a los facciosos!
to () the rebels

A la sazón nos hallábamos en el Principado, a tres
At the season (we) found ourselves in the Principality at three

leguas del enemigo.
leagues of the enemy

Era la noche en que Ramón debía desertar, noche
(It) was the night in which Ramon had to desert (a) night

lluviosa y fría, melancólica y triste, víspera de una
rainy and cold melancholic and sad eve (night before) of a

batalla.
battle

A	eso	de	las	doce	entró	Ramón	en	mi	alojamiento.
At	that	of	the	twelve	entered	Ramon	in	my	lodging
	[about		]	(twelve o'clock)					

Yo	dormía.	"Basilio..."	murmuró	a	mi	oído.
I	slept	Basilio	murmured	at	my	ear

"¿Quién	es?"
Who	is
	(is it)

"Soy	yo."	¡Adiós!
Am	I	Good bye
(It is)		

"¿Te	vas	ya?"
Yourself (you)	go	already

"Sí;	adiós."
Yes	good bye

Y	me	cogió	una	mano.
And	me	(he) took	a	hand

"Oye..." continuó; "si mañana hay, como se cree, una
Listen he continued if tomorrow there is like itself (they) believe a

batalla, y nos encontramos en ella..."
battle and us (we) find in her (it)

"Ya lo sé: somos amigos."
Already it (I) know (we) are friends

"Bien; nos damos un abrazo, y nos batimos en
Well eachother (we) give a hug and eachother (we) battle in

seguida."
following

"¡Yo moriré mañana regularmente, pues pienso atropellar
I will die tomorrow regularly (expectedly) because (I) think to run over

por todo hasta que mate al Teniente Coronel! En
by () everything until that (I) kill (to) the Lieutenant Colonel In

cuanto a ti, Basilio, no te expongas... La gloria es
whatever (respect) to you Basilio not yourself expose The () glory (Glory) is

humo."
smoke

"¿Y la vida?"
And the life

"Dices bien: hazte comandante..." exclamó Ramón. "La
(You) say well make yourself commander exclaimed Ramon The

paga no es humo, sino después que uno se la ha
pay not is smoke but after that one itself it has

fumado... ¡Ay! ¡Todo eso acabó para mí!"
smoked Ay All that ends for me

"¡Qué tristes ideas!" dije yo no sin susto. "Mañana
What sad ideas said I not without scare Tomorrow

sobreviviremos los dos a la batalla."
will survive the two to the battle
[both of us] ()

"Pues emplacémonos para después de ella..."
Then place ourselves for after of her
(we meet somewhere) () ()

"¿Dónde?"
Where

"En la ermita de San Nicolás, a la una de la
In the hermitage of San Nicholas at the one of the
() (in)

noche."
night

"El que no asista, será porque haya muerto.
He that not attends (it) will be because (he) has died

¿Quedamos conformes?"
We rest conform
(We do) (like that)

"Conformes."
Conform
(Like that)

"Entonces... ¡Adiós! ..."
Then Good bye

"Adiós."
Good bye

Así dijimos; y después de abrazarnos tiernamente,
Thus (we) said and later of to embrace eachother tenderly

Ramón desapareció en las sombras nocturnas.
Ramon disappeared in the shadows nocturnal
(of the night)

III

Como esperábamos, los facciosos nos atacaron al
Like (we) expected the rebels us attacked at the

siguiente día.
following day

La acción fué muy sangrienta, y duró desde las tres
The action was very bloody and lasted from the () three

de la tarde hasta el anochecer.
of the afternoon until the falling of the night

A cosa de las cinco, mi batallón fué rudamente
At about of () the () five my battalion was very tough

acometido por una fuerza de alaveses que mandaba
undertaken (attacked) by a force of natives of Alava that lead

Ramón...
Ramon

¡Ramón llevaba ya las insignias de Comandante y la
Ramon carried already the insignias of Commander and the

boina blanca de carlista! ...
beret white of carlista

Yo mandé hacer fuego contra Ramón, y Ramón contra
I ordered to do (to) fire against Ramon and Ramon against

mí: es decir, que su gente y mi batallón lucharon
me (it) is to say that his people and my battalion fought

cuerpo a cuerpo. Nosotros quedamos vencedores, y
body to body We were left winners and

Ramón tuvo que huir con los muy mermados restos
Ramon had to flee with the very decreased rest

de sus alaveses; pero no sin que antes hubiera dado
of his natives of Alava but not without that before (he) had given

muerte por sí mismo, de un pistoletazo, al que la
death by himself of one pistol shot to the (to the one) that the

víspera era su Teniente Coronel; el cual en vano
evening before was his Lieutenant Colonel the () who in vain

procuró defenderse de aquella furia...
tried to defend himself from that fury

A las seis la acción se nos volvió desfavorable, y
At the () six the action itself (to) us turned unfavorable and

parte de mi pobre compañía y yo fuimos cortados y
part of my poor company and I were cut and

obligados a rendirnos...
forced to surrender ourselves

Condujéronme, pues, prisionero a la pequeña villa de...,
(They) lead me then prisoner to the small village of
()
ocupada por los carlistas desde los comienzos de
occupied by the carlistas from the beginnings of

aquella campaña, y donde era de suponer que me
that campaign and where (I) was of to suppose that me
()
fusilarían inmediatamente...
(they) would shoot immediately

La guerra era entonces sin cuartel.
The war was then without quarter

IV
IV

Sonó la una de la noche de tan aciago día: ¡la
(It) Sounded the one of the night of such ill-fated day the
() (in)
hora de mi cita con Ramón!
hour of my appointment with Ramon

Yo estaba encerrado en un calabozo de la cárcel
I was locked up in a cell of the jail

pública de dicho pueblo.
public of said town

Pregunté por mi amigo, y me contestaron:
(I) asked for my friend and me (they) answered

"¡Es un valiente! Ha matado a un Teniente Coronel.
He is a brave one He has killed to a Lieutenant Colonel
()
Pero habrá perecido en la última hora de la acción..."
But he will have perished in the last hour of the action
(he must have)

"¡Cómo! ¿Por qué lo decís?"
How For what it you say
(Why) (that)

"Porque no ha vuelto del campo, ni la gente que ha
Because not he has returned from field (from the) nor the people that have

estado hoy a sus órdenes da razón de él..."
been today at his orders give reason (notice) of him

¡Ah! ¡Cuánto sufrí aquella noche!
Ah How much (I) suffered that night

Una esperanza me quedaba... Que Ramón me estuviese
One hope me was left That Ramon me was

aguardando en la ermita de San Nicolás, y que por
waiting in the hermitage of San Nicholas and that for

este motivo no hubiese vuelto al campamento faccioso.
this reason not (he) had returned to the camp rebellious

"¡Cuál será su pena al ver que no asisto a la cita!
How much will be his pain to see that not (I) attend to () the appointment

¡Me creerá muerto! ¿Y, por ventura, tan lejos estoy
Me (he) will believe dead And by fate so far (I) am

de mi última hora?"
from my last hour

"¡Los facciosos fusilan ahora siempre a los prisioneros;
The rebels shoot now always to () the prisoners

ni más ni menos que nosotros! ..."
nor more nor less than we (do)

Así amaneció el día siguiente.
Thus dawned the day next

Un Capellán entró en mi prisión.
A Chaplain entered in my prison

Todos mis compañeros dormían.
All my companions slept

"¡La muerte!" exclamé al ver al Sacerdote.
The death (I) exclaimed at the seeing of the Priest

"Sí" respondió éste con dulzura.
Yes responded this one with softness

"¡Ya!"
Already

"No: dentro de tres horas."
No in of three hours
()

Un minuto después habían despertado mis compañeros.
A minute later had waked up my companions

Mil gritos, mil sollozos, mil blasfemias llenaron los
(A) thousand shouts (a) thousand sobs (a) thousand curses filled the

ámbitos de la prisión.
space of the prison

V
V

Todo hombre que va a morir suele aferrarse a una
Every man that goes to die is accustomed to cling to an

idea cualquiera y no abandonarla más.
idea any and not to leave it anymore

Pesadilla, fiebre o locura, esto me sucedió a mí. La
Nightmare fever or madness this me happened to me The

idea de Ramón; de Ramón vivo, de Ramón muerto,
idea of Ramon of Ramon alive of Ramon dead

de Ramón en el cielo, de Ramón en la ermita, se
of Ramon in the () heaven of Ramon in the hermitage itself

apoderó de mi cerebro de tal modo, que no pensé
empowered of my brain of (in) such (a) way that not (I) thought

en otra cosa durante aquellas horas de agonía.
in (of) another thing during those hours of agony

Quitáronme el uniforme de Capitán, y me pusieron una
(They) undressed me of the uniform of Captain and me put on a

gorra y un capote viejo de soldado.
cap and a cape old of soldier

Así marché a la muerte con mis diez y nueve
Thus (I) marched to the death with my ten and nine

compañeros de desventura...
companions of misfortune

Sólo uno había sido indultado... ¡por la circunstancia
Only one had been pardoned for the circumstance

de ser músico! Los carlistas perdonaban entonces la
of being musician The carlistas pardoned then (in those times) the

vida a los músicos, a causa de tener gran falta de
life to (of) the () musicians because of to have great lack of

ellos en sus batallones...
them in their battalions

"Y ¿era Usted músico, Don Basilio? ¿Se salvó Usted
And were you musician Don Basilio Yourself saved you

por eso?" preguntaron todos los jóvenes a una voz.
for that asked all the young people at (in) one voice

"No, hijos míos..." respondió el veterano.
No children (of) mine responded the veteran

"¡Yo no era músico!"
I not was musician

Formóse el cuadro, y nos colocaron en medio de él...
Itself formed the squad and us (they) placed in the middle of it

Yo hacía el número once, es decir, yo moriría el undécimo...
I did (was) the number eleven (it) is to say I would die the eleventh

Entonces pensé en mi mujer y en mi hija, ¡en ti y en tu madre, hija mía!
Then (I) thought of my wife and of my daughter of you and of your mother daughter (of) mine

Empezaron los tiros...
Began the shots

¡Aquellas detonaciones me enloquecían!
Those detonations me drove crazy

Como tenía vendados los ojos, no veía caer a mis compañeros.
As (I) had blindfolded the eyes not (I) saw fall to my companions

Quise contar las descargas para saber, un momento
(I) wanted to count the unloadings (shots) for to know a moment

antes de morir, que se acababa mi existencia en este
before of to die that itself finished my existence in this

mundo...
world

Pero a la tercera o cuarta detonación perdí la cuenta.
But at the third or fourth detonation (shot) (I) lost the () counts

¡Oh! ¡Aquellos tiros tronarán eternamente en mi corazón
Oh Those shots will roar eternally in my heart

y en mi cerebro, como tronaban aquel día!
and in my brain like (they) roared that day

Ya creía oírlos a mil leguas de distancia; ya los
Already (I) believed to hear them at (a) thousand leagues of distance already them

sentía reventar dentro de mi cabeza.
(I) felt to burst (bursting) inside of my head

¡Y las detonaciones seguían!
And the detonations (shots) continued

"¡Ahora!" pensaba yo.
Now thought I

Y crujía la descarga, y yo estaba vivo.
And crackled the unloading (shot) and I was alive

"¡Esta es! ..." me dije por último. Y sentí que me
This is me (I) said at last And (I) felt that me

cogían por los hombros, y me sacudían, y me daban
(they) took by the shoulders and me (they) shook and me (they) gave

voces en los oídos...
voices in the ears

"Caí..."
(I) fell

"No pensé más..."
Not (I) thought more

Pero sentía algo como un profundo sueño... Y soñé
But (it) felt something like a deep sleep And (I) dreamed

que había muerto fusilado.
that (I) had died executed

LA CORNETA DE LLAVES - PARTE DOS
THE CORNET PART TWO

VI
VI

Luego soñé que estaba tendido en una camilla, en
Later (I) dreamed that (I) was lying on a stretcher in

mi prisión.
my prison

No veía.
Not (I) saw

Llevéme la mano a los ojos como para quitarme una
(I) lifted me the hand to the eyes as for to undo myself a

venda, y me toqué los ojos abiertos, dilatados... ¿Me
bandage and me (I) touched the eyes open wide Me

había quedado ciego?
(I) had been left blind

No... Era que la prisión se hallaba llena de tinieblas.
No (It) was that the prison itself was found full of darknesses

Oí un doble de campanas, y temblé.
(I) heard a turn (ringing) of bells and (I) shook

Era el toque de Animas.
(It) was the strike (hour) of Spirits

"Son las nueve... Pero ¿de qué día?"
They are (It is) the () nine But of what day

Una sombra más obscura que el tenebroso aire de la prisión se inclinó sobre mí.
A shadow more dark than the murky air of the prison itself inclined over me

Parecía un hombre...
(It) seemed a man

"¿Y los demás? ¿Y los otros diez y ocho?"
And the others And the others ten and eight

"¡Todos habían muerto fusilados!"
All have died executed

87 La Corneta De Llaves II

"¿Y yo?"
And I

Yo vivía, o deliraba dentro del sepulcro. Mis labios
I lived or was delirious inside of the tomb My lips

murmuraron maquinalmente un nombre, el nombre de
murmured mechanically a name the name of

siempre, mi pesadilla...
always my nightmare

"¡Ramón!"
Ramon

"¿Qué quieres?" me respondió la sombra que había a
What (do you) want me responded the shadow that (I) had at

mi lado.
my side

Me estremecí.
Myself I shivered
()

"¡Dios mío!" exclamé. "¿Estoy en el otro mundo?"
God (of) mine (I) exclaimed (I) am in the other world

"¡No!" dijo la misma voz.
No said the same voice

"Ramón, ¿vives?"
Ramon (you) live

"Sí."
Yes

"¿Y yo?"
And I

"También."
Also

"¿Dónde estoy? ¿Es ésta la ermita de San Nicolás?
Where am (I) Is this the hermitage of San Nicholas

¿No me hallo prisionero? ¿Lo he soñado todo?"
No me (I) find prisoner It (I) have dreamed everything

"No, Basilio; no has soñado nada. Escucha."
No Basilio not (you) have dreamed nothing Listen

VII
VII

Como sabrás, ayer maté al Teniente Coronel en buena
Like (you) will know yesterday (I) killed (to) the Lieutenant Colonel in good

lid... ¡Estoy vengado! Después, loco de furor, seguí
combat (I) am avenged Later mad of rage (I) continued

matando, y maté... hasta después de anochecido, hasta
killing and (I) killed until after of (the) growing dark until

que no había un cristiano en el campo de batalla...
that not it had a cristian in the field of battle
(there was)

Cuando salió la luna, me acordé de ti. Entonces
When came out the moon myself (I) remembered of you Then

enderecé mis pasos a la ermita de San Nicolás con
(I) straightened my steps to the hermitage of San Nicholas with

intención de esperarte.
intention of waiting for you

Serían las diez de la noche. La cita era a la una,
They were the ten of the night The appointmentwas at the one
(It was) () (at) () ()

y la noche antes no había yo pegado los ojos... Me
and the night before not had I closed the eyes Me

dormí, pues, profundamente.
(I) slept also deeply

Al dar la una, lancé un grito y desperté.
At the giving the one I sent a shout and woke up
(striking) ()

Soñaba que habías muerto...
(I) dreamed that (you) had died

Miré a mi alrededor, y me encontré solo.
(I) looked at my surroundings and myself found alone

¿Qué había sido de ti?
What had been of you
(happened) (with)

Dieron las dos, las tres, las cuatro... ¡Qué noche de angustia!
They gave the two the three the four What night of distress
(It struck) () () ()

Tú no parecías...
You not did appear

¡Sin duda habías muerto!
Without doubt (you) had died

Amaneció.
(It) dawned

Entonces dejé la ermita, y me dirigí a este pueblo
Then (I) left the hermitage and myself (I) directed to this town

en busca de los facciosos.
in search of the rebels

Llegué al salir el sol.
(I) arrived at the coming out ofhe sun

Todos creían que yo había perecido la tarde antes...
All (they) believed that I had perished the afternoon before

Así fué que, al verme, me abrazaron, y el General
Thus (it) was that at the seeing me me (they) embraced and the General

me colmó de distinciones.
me (he) showered with distinctions

En seguida supe que iban a ser fusilados veintiún
In following I knew that (they) went to be shot twentyone
[After that] (I found out)

prisioneros. Un presentimiento se levantó en mi alma.
prisoners A presentiment raised in my soul

"¿Será Basilio uno de ellos?" me dije.
Will be Basilio one of them myself (I) said

Corrí, pues, hacia el lugar de la ejecución.
(I) ran then towards the place of the () execution

El cuadro estaba formado.
The squad was formed

Oí unos tiros...
(I) heard some shots

Habían empezado a fusilar.
(They) had begun to shoot

Tendí la vista... ; pero no veía...
(I) kept the sight but not saw

Me cegaba el dolor; me desvanecía el miedo.
Me blinded the pain me (it) undid the fear

93 La Corneta De Llaves II

Al fin te distingo... ¡Ibas a morir fusilado! Faltaban
At the end you (I) distinguish (You) went to die shot Were left

dos víctimas para llegar a ti...
two victims for to arrive to you

¿Qué hacer? Me volví loco; dí un grito; te cogí
What to do Myself (I) turned mad gave a shout you (I) took

entre mis brazos, y, con una voz ronca, desgarradora,
between my arms and with one voice hoarse heartrending

tremebunda, exclamé:
shaking (I) exclaimed

"¡Éste no! ¡Éste no, mi General! ..."
This one not This one not my General

El General, que mandaba el cuadro, y que tanto me
The General that commanded the squad and that as much me

conocía por mi comportamiento de la víspera, me
knew by my behavior of the eve (evening before) me

preguntó:
asked

"Pues qué, ¿es músico?"
Then what is (he) musician

Aquella palabra fué para mí lo que sería para un
That word was for me that what would be for an

viejo ciego de nacimiento ver de pronto el sol en
old blind from birth to see of () immediately the sun in

toda su refulgencia. La luz de la esperanza brilló a
all its resplendence The light of the () hope shone in

mis ojos tan súbitamente, que los cegó.
my eyes so suddenly that it blinded

"¡Músico" exclamé; "sí..., sí..., mi General!
Musician (I) exclaimed yes yes my General

¡Es músico! ¡Un gran músico!"
Is (He is) musician A great musician

"Tú, entretanto, yacías sin conocimiento."
You meanwhile lay without consciousness

La Corneta De Llaves II

"¿Qué instrumento toca?" preguntó el General.
What instrument (he) plays asked the General

"El... ¡justo! ..., eso es... , ¡la corneta de llaves!"
The right it is the cornet

"¿Hace falta un corneta de llaves?" preguntó el General, volviéndose a la banda de música.
Does (there) lack a cornet asked the General turning to the band of music

Cinco segundos, cinco siglos, tardó la contestación.
Five seconds five centuries waited the answer

"Sí, mi General; hace falta," respondió el Músico mayor.
Yes my General (it) does miss responded the Musician (band) leader

"Pues sacad a ese hombre de las filas, y que siga
Then remove to (of) that man from the rows (line) and that continues

la ejecución al momento..." exclamó el jefe carlista.
the execution at the moment exclaimed the head carlista

Entonces te cogí en mis brazos y te conduje a este
Then you (I) took in my arms and you (I) lead to this

calabozo.
jail

97 La Corneta De Llaves II

VIII
VIII

No bien dejó de hablar Ramón, cuando me levanté y
Not well left of (stopped) speaking Ramon when myself (I) raised and

le dije, con lágrimas, con risa, abrazándolo, trémulo, yo
him (I) said with tears with laughter embracing him shaking I

no sé cómo:
not know how

"¡Te debo la vida!"
You (I) owe the life

"¡No tanto!" respondió Ramón.
Not as much responded Ramon

"¿Cómo es eso?" exclamé.
How is that (I) exclaimed

"¿Sabes tocar la corneta?"
(You) know to play the cornet

"No."
No

"Pues no me debes la vida, sino que he
Then not me (you) owe the life but that (I) have

comprometido la mía sin salvar la tuya."
jeopardized the () mine without to save the () yours

Quedéme frío como una piedra.
remained myself (I became) cold as a stone

"¿Y música? ¿Sabes?"
And music (You) know

"Poca, muy poca..." Ya recordarás la que nos enseñaron
Little very little Already (you) will remember that what us (they) taught

en el colegio...
in the school

"¡Poco es, o, mejor dicho, nada! ¡Morirás sin
Little (it) is or better said nothing (You) will die without

remedio! ... ¡Y yo también, por traidor..., por falsario!
remedy And I also for treason for falsehood

¡Figúrate tú que dentro de quince días estará
Figure yourself () you that in of () fifteen days will be

organizada la banda de música a que has de
organized the band of music to which (you) have to

pertenecer! ..."
belong

"¡Quince días!"
Fifteen days

"¡Ni más ni menos!" Y como no tocarás la corneta...,
Not more nor less And as not (you) shall play the cornet

nos fusilarán a los dos sin remedio.
us (they) will shoot at the two without remedy

"¡Fusilarte!" exclamé. "¡A ti! ¡Por mí! ¡Por mí, que te
Execute you (I) exclaimed To you For me For me that you
() (You)

debo la vida! ¡Ah, no, no querrá el cielo! Dentro de
(I) owe the life Ah no not (I) would want the heaven In of
() ()

quince días sabré música y tocaré la
fifteen days (I) will know music and (I) will play the

corneta de llaves."
cornet

Ramón se echó a reír.
Ramon himself threw laugh
(started) to

IX

¿Qué más queréis que os diga, hijos míos? En
What more (you) want that you (I) say children (of) mine In

quince días... ¡oh poder de la voluntad!
fifteen days oh (the) power of the will

En quince días con sus quince noches, ¡asombraos! ...
In fifteen days with its fifteen nights amaze yourselves

¡En quince días aprendí a tocar la corneta!
In fifteen days (I) learned to play the cornet

¡Qué días aquellos!
What days those

Ramón y yo nos salíamos al campo, y pasábamos
Ramon and I us (we) went out to the field and (we) passed

horas y horas con cierto músico que diariamente venía
hours and hours with (a) certain musician that daily came

de un lugar próximo a darme lección...
of a place close to give me instruction

"¡Escapar! ..." Leo en vuestros ojos esta palabra... "¡Ay!
To escape (I) read in your eyes this word Ay

Nada más imposible! Yo era prisionero, y me
Nothing more impossible I was prisoner and me

vigilaban... Y Ramón no quería escapar sin mí." Y yo
(they) watched And Ramon not wanted to escape without me And I

no hablaba, yo no pensaba, yo no comía...
not spoke I not thought I not ate

Estaba loco, y mi monomanía era la música, la
(I) was crazy and my obsession was the music the

corneta, la endemoniada corneta de llaves... ¡Quería
cornet the possessed cornet (I) wanted

aprender, y aprendí! Y, si hubiera sido mudo, habría
to learn and (I) learned And if (I) had been dumb (I) would have

hablado... Y, paralítico, hubiera andado... Y, ciego,
spoken And lame (I) had walked And blind

hubiera visto.
(I) had seen

¡Porque quería!
Because (I) wanted to

¡Oh! ¡La voluntad suple por todo! QUERER ES PODER.
Oh The will replaces for () everything TO WANT IS TO BE ABLE TO

Quería: ¡he aquí la gran palabra!
(I) wanted (I) have here the great word

Quería..., y lo conseguí. ¡Niños, aprended esta gran verdad!
(I) wanted and it (I) obtained Children learn this great truth

Salvé, pues, mi vida y la de Ramón.
(I) saved then my life and that of Ramon

Pero me volví loco.
But myself (I) turned crazy

Y, loco, mi locura fué el arte.
And crazy my madness was the art

En tres años no solté la corneta de la mano.
In three years not (I) let go of the cornet from the hand

103 La Corneta De Llaves II

Do-re-mi-fa-sol-la-si; he aquí mi mundo durante todo
Do re mi fa sol la si (I) have here my world during all

aquel tiempo.
that time

Mi vida se reducía a soplar.
My life itself reduced to blowing

Ramón no me abandonaba...
Ramon not me left

Emigré a Francia, y en Francia seguí tocando la
(I) emigrated to France and in France (I) continued playing the

corneta.
cornet

¡La corneta era yo! ¡Yo cantaba con la corneta en
The cornet was me I sang with the cornet in

la boca!
the mouth

Los hombres, los pueblos, las notabilidades del arte
The men the towns the notables (experts) of the art

se agrupaban para oírme...
themselves gathered (gathered) to hear me

Aquello era un pasmo, una maravilla...
That was an amazement a wonder

La corneta se doblegaba entre mis dedos; se hacía
The cornet itself folded between my fingers itself did (became)
elástica, gemía, lloraba, gritaba, rugía; imitaba al ave,
elastic moaned cried shouted demanded imitated (to) the bird
a la fiera, al sollozo humano...
to () the wild beast (to) the sobbing (of) man

Mi pulmón era de hierro.
My lung (lungs) was of iron

Así viví otros dos años más. Al cabo de ellos
Thus (I) lived another two years more At the end of these
falleció mi amigo. Mirando su cadáver, recobré la razón...
passed away my friend Watching his corpse (I) recovered the reason

Y cuando, ya en mi juicio, cogí un día la corneta...
And when already in my judgment [with recovered wits] (I) took one day the cornet

¡qué	asombro! ,	me	encontré	con	que	no	sabía	tocarla...
what	astonishment	myself	(I) found	with	that	not	(I) knew	to play it

¿Me	pediréis	ahora	que	os	haga	són	para	bailar?
Me	(you) will request	now	that	you	(I) make	music	for	to dance

LAS DOS GLORIAS
THE TWO GLORIES

Un día que el célebre pintor flamenco Pedro Pablo
One day that the famous painter flamenco Pedro Pablo

Rubens andaba recorriendo los templos de Madrid
Rubens walked walking around (visiting) the temples of Madrid

acompañado de sus afamados discípulos, penetró en la
accompanied by his famous disciples entered in the

iglesia de un humilde convento, cuyo nombre no
church of a humble convent which name not

designa la tradición. Poco o nada encontró que
deserves the () tradition (naming) Little or nothing (he) found to

admirar el ilustre artista en aquel pobre y
admire the illustrious artist in that poor and

desmantelado templo, y ya se marchaba renegando,
unadorned temple and already (himself) marched (he marched off) speaking negatively

como solía, del mal gusto de los frailes de Castilla
as (he) used to of the bad taste of the friars of Castile

la Nueva, cuando reparó en cierto cuadro medio oculto
the New when (he) noticed in () certain picture half hidden

en las sombras de feísima capilla; acercóse a él, y
in the shadows of (the) very ugly chapel approaching himself to it [approaching it] and

lanzó una exclamación de asombro. Sus discípulos le
launching an exclamation of astonishment His disciples him

rodearon al momento, preguntándole:
surrounded at the moment [in a flash] asking him

"¿Qué habéis encontrado, maestro?"
What have (have you) found Master

"¡Mirad!" dijo Rubens señalando, por toda contestación,
Look said Rubens indicating as all (only) answer

al lienzo que tenía delante.
to the (the) linen cloth that (he) had in front

Los jóvenes quedaron tan maravillados como el autor
The young people were left just as astonished as the author (artist)

del Descendimiento. Representaba aquel cuadro la Muerte
of the Descent (Descent from the Cross) Represented that picture the Death

de un religioso. Era éste muy joven, y de una
of a monk Was this one very young and of a

belleza que ni la penitencia ni la agonía habían
beauty that neither the penance nor the agony had

podido eclipsar, y hallábase tendido sobre los ladrillos
been able to eclipse (negate) and was found (located) laying on the bricks (tiles)

de su celda, velados ya los ojos por la muerte, con
of his cell veiled already the eyes by the () death with

una mano extendida sobre una calavera, y estrechando
one hand extended on a skull and holding out

con la otra, a su corazón, un crucifijo de madera y
with the other one to his heart a crucifix of wood and

cobre.
copper

En el fondo del lienzo se veía pintado otro cuadro,
In the bottom of the linen cloth (he) saw painted another picture

que figuraba estar colgado cerca del lecho de que se
that appeared to be hung close of the bed of that one

suponía haber salido el religioso para morir con más
supposed to have left the monk for to die with more

humildad sobre la dura tierra. Aquel segundo cuadro
humility on the hard earth. That second picture

representaba a una difunta, joven y hermosa, tendida
represented to () a deceased young person and beautifully tended

en el ataúd entre fúnebres cirios y negras y
in the coffin between funeral wax candles and black and

suntuosas colgaduras. Nadie hubiera podido mirar estas
sumptuous hangings Nobody would have been able to watch these

dos escenas, contenida la una en la otra, sin
two scenes contained the one in the other without

comprender que se explicaban y completaban
to understand (understanding) that eachother (they) explained and (they) completed

recíprocamente. Un amor desgraciado, una esperanza
reciprocally A love displeased a hope

muerta, un desencanto de la vida, un olvido eterno
died a disillusion of the () life a forgetfulness eternal

del mundo: he aquí el poema misterioso que
of the world (I) have here the poem mysterious that

se deducía de los dos ascéticos dramas que encerraba
itself (could be) deduced of the two ascetic (sober) dramas that enclosed

aquel lienzo.
that linen cloth

Por lo demás, el color, el dibujo, la composición, todo
Moreover the color the drawing the composition everything

revelaba un genio de primer orden. "Maestro, ¿de quién
revealed a genius of first class Master of whom

puede ser esta magnífica obra?" preguntaron a Rubens
can be this magnificent work asked to Rubens

sus discípulos, que ya habían alcanzado el cuadro. "En
his disciples that already had reached the picture In

este ángulo ha habido un nombre escrito" respondió el
this corner has had a name written responded the

maestro; "pero hace muy pocos meses que ha sido
master but does (since) very few months that (it) has been

borrado. En cuanto a la pintura, no tiene arriba de
erased In whatever (relation) to the painting not has (it is) over of ()

treinta años, ni menos de veinte."
thirty years nor less of twenty

"Pero el autor..!"
But the author

"El autor, según el mérito del cuadro, pudiera ser
The author according to the merit of the picture could be

Velazquez, Zurbarán, Ribera, o el joven Murillo, de
Velazquez Zurbarán Ribera or the young Murillo of

quien tan prendado estoy.
whom so taken (pleased) (I) am

"Pero Velazquez no siente de este modo. Tampoco es
But Velazquez not feels of (like) this way Neither (it) is

Zurbarán, si atiendo al color y a la manera de ver
Zurbarán if I take care of (taking in account) to the color and a the way of to see

el asunto. Menos aún debe atribuirse a Murillo ni a
the subject Less still (it) must to attribute itself (be attributed) to Murillo nor to

Ribera: aquél es más tierno, y éste es más sombrío;
Ribera that is more tender and this one is more shaded

y, además, ese estilo no pertenece ni a la escuela
and in addition that style not belongs nor to the school

del uno ni a la del otro. En resumen: yo no
of (the) one nor to that of the other In summary I not

conozco al autor de este cuadro, y hasta juraría que
know (to) the author of this picture and even would swear that

no he visto jamás obras suyas. Voy más lejos: creo
not (I) have seen never (ever) works (of) his I go (I would go) more (even) far (further) (I) believe

que el pintor desconocido, y acaso ya muerto, que
that the painter unknown and perhaps already dead that

ha legado al mundo tal maravilla, no perteneció a
has legated (bequeathed) to the world such (a) miracle not belonged to

ninguna escuela, ni ha pintado más cuadro que éste,
no school nor has painted more picture (s) than this one

ni hubiera podido pintar otro que se le acercara en
nor would have been able to paint another one that itself it approached (equalled) in

mérito."
merit

"Ésta es una obra de pura inspiración, un asunto
This is a work of pure inspiration a subject

propio, un reflejo del alma, un pedazo de la vida.
(on its) own a reflection of the soul a piece of the () life

Pero, ¡Qué idea! ¿Queréis saber quién ha pintado ese
But What idea (You) want to know who has painted that

cuadro? ¡Pues lo ha pintado ese mismo muerto que
picture Then it has painted that same dead person that

veis en él!"
(you) see in it

"¡Eh! Maestro, ¡Vos os burláis!"
Eh Master You us make fun of

"No: yo me entiendo..."
No I me understand (am serious)

"Pero ¿cómo concebís que un difunto haya podido
But how (do you) conceive that a deceased (person) has been able

pintar su agonía?"
to paint his agony

"¡Concibiendo que un vivo pueda adivinar o representar
Conceiving that an alive can guess or represent

su muerte! Además, vosotros sabéis que profesar
his death In addition you know that to profess

de veras en ciertas Órdenes religiosas es morir."
truly in certain Orders religious is to die

"¡Ah! ¿Creéis vos?"
Ah Believe you

"Creo que aquella mujer que está de cuerpo presente
(I) believe that that woman that is of body present
() ()
en el fondo del cuadro era el alma y la vida de
in the bottom of the picture was the soul and the life of

este fraile que agoniza contra el suelo; creo que,
this friar that agonizes against the ground (I) believe that

cuando ella murió, él se creyó también muerto, y
when she died he himself believed also dead and

murió efectivamente para el mundo; creo, en fin, que
died in fact for the world (I) believe in (the) end that

esta obra, más que el último instante de su héroe o
this work more than the last moment of its hero or

de su autor - que indudablemente son una misma
of its author that doubtlessly (they) are one (and the) same

persona, representa la profesión de un joven
person represents the profession of a young person
(expression)
desengañado de alegrías terrenales..."
disillusioned of joys earthly

"¿De modo que puede vivir todavía?"
Of (which) way that (he) can live still
(In)

"¡Sí, señor, que puede vivir!"
Yes Sir that (he) can live

"Y como la cosa tiene fecha, tal vez su espíritu se
And like the thing has (a) date maybe his spirit itself

habrá serenado y hasta regocijado, y el desconocido
will have calmed and even cheered and the unknown

artista sea ahora un viejo muy gordo y muy alegre...
artist (might) be now an old (man) very fat and very cheerful

Por todo lo cual ¡hay que buscarlo! Y, sobre todo,
For all that aforementioned(one) has to look for him And above all

necesitamos averiguar si llegó a pintar más obras...
(we) need to find out if (he) arrived (came about) to paint more works

Seguidme."
Follow me

Y así diciendo, Rubens se dirigió a un fraile que
And thus saying Rubens himself directed to a friar that

rezaba en otra capilla y le preguntó con su
prayed in another (part of the) chapel and him asked with his

desenfado habitual:
self-assured usual (style)

"¿Queréis decirle al Padre Prior que deseo hablarle de
(You) will tell it to the Father Prior that (I) desire to speak to him from (in)

parte del Rey?"
part (name) of the King

El fraile, que era hombre de alguna edad, se levantó
The friar that was man of some age himself raised

trabajosamente, y respondió con voz humilde y
arduously and responded with voice humble and

quebrantada:
broken

"¿Qué me queréis? Yo soy el Prior."
What (of) me (you) want I am the Prior

"Perdonad, padre mío, que interrumpa vuestras
Forgive (me) father (of) mine that (I) interrupt your

oraciones," replicó Rubens. "¿Pudierais decirme quién es
orations (prayers) replied Rubens (You) could tell me who is

el autor de este cuadro?"
the author of this picture

"¿De ese cuadro?" exclamó el religioso. "¿Qué pensaría
Of that picture exclaimed the monk What would think

Usted de mí si le contestase que no me acuerdo?"
You of me if it (I) answered that not me (I) remember

"¿Cómo? ¿Lo sabíais, y habéis podido olvidarlo?"
How (What) It (you) knew and (you) have been able to forget it

"Sí, hijo mío, lo he olvidado completamente."
Yes son (of) mine it (I) have forgotten completely

"Pues, padre..." dijo Rubens en són de burla
Then father said Rubens in (with) (a) tone of jest

procaz, "¡tenéis muy mala memoria!"
insolent (you) have very bad memory

El Prior volvió a arrodillarse sin hacerle caso.
The Prior returned to kneel down without to do him case (notice)

"¡Vengo en nombre del Rey!" gritó el soberbio y
(I) come in name of King shouted the proud and

mimado flamenco.
spoiled flemish (man)

"¿Qué más queréis, hermano mío?" murmuró el fraile,
What more (you) want brother (of) mine murmured the friar

levantando lentamente la cabeza.
raising slowly the head

"¡Compraros este cuadro!"
Sell us this painting

"Ese cuadro no se vende."
That painting not itself sells (is for sale)

"Pues bien: decidme dónde encontraré a su autor... Su
Then well tell me where (I) will find to () its author His

Majestad deseará conocerlo, y yo necesito abrazarlo,
Majesty will wish to know him and I need to embrace him

felicitarlo, demostrarle mi admiración y mi cariño..."
to congratulate him to show him my admiration and my affection

"Todo eso es también irrealizable... Su autor no está
All that is also unrealizable Its author not is

ya en el mundo."
already in this world

"¡Ha muerto!" exclamó Rubens con desesperación.
(He) has died exclaimed Rubens with desperation

"¡El maestro decía bien! Ese cuadro está pintado por
The master says well That picture is painted by

un difunto..."
a deceased

"¡Ha muerto!" repitió Rubens. "¡Y nadie lo ha conocido!
(He) has died repeated Rubens And nobody him has known

¡Y se ha olvidado su nombre! ¡Su nombre, que debió
And itself has (is) forgotten his name His name that must (should)

ser inmortal! ¡Su nombre, que hubiera eclipsado el
be immortal His name that would have eclipsed the (that of)

mío!"
mine (me)

"Sí; el mío, padre..." añadió el artista con noble orgullo.
Yes the () mine father added the artist with noble pride

"¡Porque habéis de saber que yo soy Pedro Pablo Rubens!"
Because (you) have of (to) know that I am Pedro Pablo Rubens

A este nombre, glorioso en todo el universo, y que ningún hombre consagrado a Dios desconocía ya, por ir unido a cien cuadros místicos, verdaderas maravillas del arte, el rostro pálido del Prior se enrojeció súbitamente, y sus abatidos ojos se clavaron en el semblante del extranjero con tanta veneración como sorpresa.
To this name glorious in all the universe and that no man consecrated to God did not know already for to go (be) connected to (a) hundred paintings mystical true wonders of the art the face pale of the Prior became red (blushed) suddenly and his lowered eyes itself nailed (clung) in (to) the face of the foreigner with as much veneration (reverence) as surprise

"¡Ah! ¡Me conocíais!" exclamó Rubens con infantil satisfacción. "¡Me alegro en el alma! ¡Así seréis menos fraile conmigo! Conque... ¡vamos! ¿Me vendéis el
Ah Me (you) know exclaimed Rubens with infantile satisfaction Me (I) cheer in the soul Thus (you) will be less friar (withdrawn) with me And so we go (we go on) Me (you) sell the

cuadro?"
painting

"¡Pedís un imposible!" respondió el Prior.
(You) request an impossibility responded the Prior

"Pues bien: ¿sabéis de alguna otra obra de ese
Then well (you) know of some other work of that

malogrado genio? ¿No podréis recordar su nombre?
wasted genius Not (you) will be able to remember his name

¿Queréis decirme cuándo murió?"
(You) want to tell me when (he) died

"Me habéis comprendido mal..." replicó el fraile. "Os he
Me (you) have understood wrong replied the friar You (I) have

dicho que el autor de esa pintura no pertenece al
said that the author of that painting not belongs to the

mundo; pero esto no significa precisamente que haya
world but this not means indeed that (he) has

muerto..."
died

"¡Oh! ¡Vive! ¡vive!" exclamaron todos los pintores.
Oh (he) lives (he) lives exclaimed all the painters

"¡Haced que lo conozcamos!"
Make that him we know (we meet with)

"¿Para qué? ¡El infeliz ha renunciado a todo lo de
For what That poor devil has resigned to all that of (things)

la tierra! ¡Nada tiene que ver con los hombres!
the earth Nothing has that to see with the men (people)
[he has to do with]

¡nada!"
nothing

"Os suplico, por tanto, que lo dejéis morir en paz."
You (I) beg for so much that him (you) leave to die in peace

"¡Oh!" dijo Rubens con exaltación.
Oh said Rubens with exaltation

"¡Eso no puede ser, padre mío! Cuando Dios enciende
That not can be father mine When God ignites

en un alma el fuego sagrado del genio, no es para
in a soul the fire sacred of (the) genius not (it) is for (so)

que esa alma se consuma en la soledad, sino para
that that soul itself consumes in the () solitude but for

que cumpla su misión sublime de iluminar el alma de
that to fulfill his mission sublime of to illuminate the soul of

los demás hombres. ¡Nombradme el monasterio en que
the other men (people) Name me the monastery in that (which)

se oculta el grande artista, y yo iré a buscarlo y lo
himself hides the great artist and I will go to look for it and him

devolveré al siglo! ¡Oh! ¡Cuánta gloria le espera!"
(I) will give back to the century Oh How much glory him awaits

"Pero.. ¿y si la rehusa?" preguntó el Prior tímidamente.
But and if it (he) refuses asked the Prior timidly

"Si la rehusa acudiré al Papa, con cuya amistad me
If that (he) refuses (I) will go to the Pope with whose friendship me

honro, y el Papa lo convencerá mejor que yo."
(I) honor and the Pope him will convince better than me

"¡El Papa!" exclamó el Prior.
The Pope exclaimed the Prior

"¡Sí, padre; el Papa!" repitió Rubens.
Yes father the Pope repeated Rubens

"¡Ved por lo que no os diría el nombre de ese
(You) see for what that not you (I) would tell the name of that

pintor aunque lo recordase! Ved por lo que no os
painter although (even if) it (I) remembered You see for what that not you

diré a qué convento se ha refugiado!"
(I) will tell at what convent himself () (he) has taken shelter

"Pues bien, padre, ¡el Rey y el Papa os obligarán á
Then well father the King and the Pope you will force to

decirlo!" respondió Rubens exasperado.
say it responded Rubens exasperated

"Yo me encargo de que así suceda."
I me order of that thus (it) happens

"¡Oh! ¡No lo haréis!" exclamó el fraile.
Oh Not it (you) will do exclaimed the friar

"¡Haríais muy mal, señor Rubens! Llevaos el cuadro si
(You) would do very wrong Sir Rubens Take with yourself the painting if

queréis; pero dejad tranquilo al que descansa. ¡Os
(you) want but leave in peace to the (those) that rest (To) You

hablo en nombre de Dios! ¡Sí! Yo he conocido, yo
(I) speak in name of God Yes I have known I

he amado, yo he consolado, yo he redimido, yo he
have loved I have consoled I have redeemed I have

salvado de entre las olas de las pasiones y las
saved from between the waves of the passions and the

desdichas, náufrago y agonizante, a ese grande hombre,
misfortunes shipwreck and agonizing to () that great man

como vos decis, a ese infortunado y ciego mortal,
like you say to that unfortunate and blind mortal

como yo le llamo; olvidado ayer de Dios y de
like I him call forgotten yesterday by God and by

sí mismo, hoy cercano a la suprema felicidad! ¡La
himself today near to the supreme happiness The

gloria! ¿Conocéis alguna mayor que aquélla a que él
glory (You) know anything greater than that to that (which) he

aspira?"
aspires

"¿Con qué derecho queréis resucitar en su alma los
With what right (you) want to revive in his soul the

fuegos fatuos de las vanidades de la tierra, cuando
fires fatuous (foolish) of the vanities of the earth when

arde en su corazón la pira inextinguible de la
burns in his heart the pyre inextinguishable of the

caridad?"
charity (holiness)

"¿Creéis que ese hombre, antes de dejar el mundo,
(You) believe that that man before of to leave the world

antes de renunciar a las riquezas, a la fama, al
before of to resign (abscond) to the wealth to the fame to the

poder, a la juventud, al amor, a todo lo que
power to the youth to (the) love to everything that what

desvanece a las criaturas, no habrá sostenido ruda
dispels to () the creatures (human beings) not there will be sustained hard

batalla con su corazón? ¿No adivináis los desengaños
battle with his heart Not (you) guess the disappointment

y amarguras que lo llevarían al conocimiento de la
and bitternesses that him (they) would bring at the knowledge of the

mentira de las cosas humanas? Y ¿queréis volverlo a
lie of the things human And (you) want to return him to

la pelea cuando ya ha triunfado?"
the fight when already (he) has triumphed (prevailed)

"Pero ¡eso es renunciar a la inmortalidad!" gritó Rubens.
But that is to resign to the () immortality shouted Rubens

"¡Eso es aspirar a ella!"
That is to aspire to her

"Y ¿con qué derecho os interponéis vos entre ese
And with (by) what right you interpose yourself between that

hombre y el mundo? ¡Dejad que le hable, y él
man and the world leave (You allow) that (to) him (I) speak and he

decidirá!"
will decide

"Lo hago con el derecho de un hermano mayor, de
It (I) do with the right of a brother older of

un maestro, de un padre; que todo esto soy para
a master of a father that all this (I) am for

él.. ¡Lo hago en el nombre de Dios, os vuelvo a
him It (I) do in the name of God (to) you (I) return to

decir! Respetadlo, para bien de vuestra alma."
say Respect it for (the) good of your soul

Y, así diciendo, el religioso cubrió su cabeza con la
And thus saying the monk covered his head with the

capucha y se alejó a lo largo del templo.
hood and himself distanced to the length (other end) of the temple

"Vámonos" dijo Rubens. "Yo sé lo que me toca hacer."
Let us go said Rubens I know that what me touches (remains) to do

"¡Maestro!" exclamó uno de los discípulos, que durante
Master exclaimed one of the disciples that during

la anterior conversación había estado mirando
the previous conversation had been watching

alternativamente al lienzo y al religioso. "¿No creéis,
alternatively to the linen cloth and to the monk Not (you) believe

como yo, que ese viejo frailuco se parece muchísimo
like I that that old monk himself looks very much

al joven que se muere en este cuadro?"
like the young person that dies in this picture

"¡Calla! ¡Pues es verdad!" exclamaron todos. "Restad las
Silence Then (it) is (the) truth exclaimed all (You) reduce (remove) the

arrugas y las barbas, y sumad los treinta años que
wrinkles and the beards and (you) add the thirty years that

manifiesta la pintura, y resultará que el maestro tenía
shows the painting and (it) will be that the master had

razón cuando decía que ese religioso muerto era a
reason when (he) said that that monk died (he) was at

un mismo tiempo retrato y obra de un religioso vivo."
a (the) same time pictured and work of a monk alive

"Ahora bien: ¡Dios me confunda si ese religioso vivo
Now well God me confuse if that monk alive

no es el Padre Prior!"
not is the Father Prior

Entretanto Rubens, sombrío, avergonzado y enternecido
Meanwhile Rubens suprised ashamed and endeared

profundamente, veía alejarse al anciano, el cual lo
deeply saw move away (to) the old man the which him

saludó cruzando los brazos sobre el pecho poco antes
greeted crossing the arms over the chest little before
(a little while)

de desaparecer.
of to disappear
() (disappearing)

"¡Él era, sí!" balbuceó el artista.
He was yes stammered the artist
(it) (indeed)

"¡Oh! Vamonos..." añadió volviéndose a sus discípulos.
Oh Let us go (he) added turning to his disciples
(himself)

"¡Ese hombre tenía razón! ¡Su gloria vale más que la
That man had reason His glory is worth more than the
(was) (right) ()

mía! ¡Dejémoslo morir en paz!"
mine Let to die in peace
(us) leave him

Y dirigiendo una última mirada al lienzo que tanto le
And directing one last look to the linen cloth that so much him

había sorprendido, salió del templo y se dirigió a
had surprised (he) left (of) the temple and himself directed to the

Palacio, donde lo honraban Sus Majestades teniéndole a
Palace where him (they) honored His Majesties having him at

la mesa.
the table

Tres días después volvió Rubens, enteramente solo, a
Three days later returned Rubens entirely (all) alone to

aquella humilde capilla, deseoso de contemplar de
that humble chapel eager of to contemplate of

nuevo la maravillosa pintura, y aun de hablar otra
new the wonderful painting and even of to speak another

vez con su presunto autor.
time with his presumed author

Pero el cuadro no estaba ya en su sitio. En cambio
But the painting not was already (anymore) in its site (place) Instead

se encontró con que en la nave principal del templo
himself (he) found with that in the nave main of the temple (church)

había un ataúd en el suelo, rodeado de toda la
it had (there was) a coffin on the floor surrounded by all the

comunidad, que salmodiaba el Oficio de difuntos...
community that psalmed the Mass of (the) deceased

Acercóse a mirar el rostro del muerto, y vió que era
(He) approached to watch the face of the deceased and saw that (it) was

el Padre Prior.
the Father Prior

"¡Gran pintor fué!" dijo Rubens, luego que la sorpresa
Great painter (he) was said Rubens after that the surprise

y el dolor hubieron cedido lugar a otros sentimientos.
and the sadness had yielded place to other feelings

"¡Ahora es cuando más se parece a su obra!"
Now (it) is when most (he) looks like his work

The book you're now reading contains the paper or digital paper version of the powerful e-book application from Bermuda Word. Our software integrated e-books allow you to become fluent in Spanish reading and listening, fast and easy! Go to learn-to-read-foreign-languages.com, and get the App version of this e-book!

The standalone e-reader software contains the e-book text, includes audio and integrates **spaced repetition word practice** for **optimal language learning**. Choose your font type or size and read as you would with a regular e-reader. Stay immersed with **interlinear** or **immediate mouse-over pop-up translation** and click on difficult words to **add them to your wordlist**. The software knows which words are low frequency and need more practice.

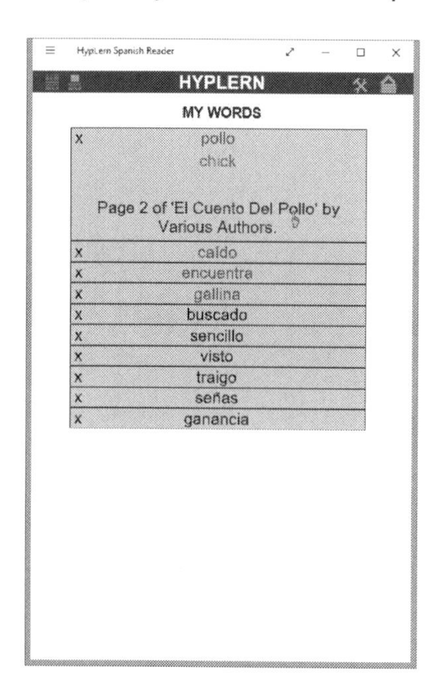

With the Bermuda Word e-book program you **memorize all words** fast and easy just by reading and listening and efficient practice!

LEARN-TO-READ-FOREIGN-LANGUAGES.COM

Contact us using the button on the site!

68461897R00081

Made in the USA
Columbia, SC
07 August 2019